시편,
기도의 언어

시편, 기도의 언어

2025년 5월 12일 교회 인가
2025년 8월 20일 개정 초판 1쇄 펴냄

지은이 · 장 피에르 프레보스트
옮긴이 · 이기락
펴낸이 · 정순택
펴낸곳 · 가톨릭출판사
편집 겸 인쇄인 · 김대영
편집 · 김지현, 김지영, 박다솜
디자인 · 강해인, 이경숙, 정호진
마케팅 · 임찬양, 안효진, 황희진, 노가영

본사 · 서울특별시 중구 중림로 27
등록 · 1958. 1. 16. 제2-314호
전자우편 · edit@catholicbook.kr
전화 · 1544-1886(대표 번호)
지로번호 · 3000997

ISBN 978-89-321-1972-4 03230

값 18,000원

시편을 읽는 40가지 단어

시편, 기도의 언어

장 피에르 프레보스트 지음 | 이기락 옮김

תהילים
שפת התפילה

가톨릭출판사

일러두기

· 이 소책자는 Jean-Pierre Prévost의 《*PETIT DICTIONNAIRE DES PSAUMES*》(cahiers EVANGILE 71, CERF, 1990)를 번역해 《시편의 작은 사전》(1997) 이름으로 출간한 책을 수정 및 보완한 개정판이다.
· 이 소책자에서 인용한 성경 구절은 《주석성경》(한국천주교주교회의 2010)을 따르되, 필요에 따라 프랑스 원문 그대로 번역하거나 역자가 직접 옮기기도 하였다.
· 고유명사와 성경 구절의 약어 표기 등은 《성경》(한국천주교주교회의 2005)을 표준으로 삼았다.

머리말

우리는 시편에 관한 두 권의 책*Cahiers*을 이미 출간하였다. 이 세 번째 책은 보다 단순하고 실용적인 책이 될 것이다. 캐나다 오타와에 위치한 성 폴Saint Paul 대학교에서 학생들을 가르쳤던 몽포르의 마리아 선교회Montfortain 수사 신부인 장 피에르 프레보스트가 이 책에 관한 아이디어를 생각했다. 그는 시편에 대한 많은 강의와 세미나 및 피정 경험을 바탕으로 교회의 기도인 이스라엘의 기도를 특징짓는 어휘를 명쾌하게 설명하였다.

주일미사 전례에서 화답송으로 사용하는 시편이 참으로 우리의 기도를 풍요롭게 하고 있는가? 이 책은 오늘날 시편을 낭송하는 그리스도인들, 특히 매일 성무일도(시간경)를 바치는 사제, 수도자, 평신도들이 고대 시편의 원천으로 돌아가 시편을 더 잘 이해하고, 교회가 이스라엘로부터 받은 이 위대한 기도와 내적 생활에 더욱 쉽게 다가가도록 인도할 것이다.

그러나 어려움이 없지 않다. “우리는 올바른 방식으로 기도할 줄 모르지만”(로마 8,26) 하고 바오로 사도도 이미 탄식한 바 있다. 시편의 사고방식은 오늘날 우리의 생각과 상당히 멀리 떨어져 있다. 이와 마찬가지로 옛 시의 형태를 취하고 있는 이 유형은 현재 우리의 삶과는 다르며, 시편이 낭송되던 성전도 이제는 존재하지 않는다. 그 외에도 많은 것이 시편이 형성되고 발전되어 온 상황에서 우리를 낯설게 만들고 떼어 놓는다. 그렇지만 고목의 수액은 가장 어리고 연약한 가지들에 자양분을 주기 위하여 여전히 위로 올라온다. 수많은 세월이 흘렀어도, 매 시편의 낱말들에 영감을 주시는 분과 우리의 존재를 형성하시는 분은 항상 똑같으신 성령이시다.

필립 그뤼송

입문

우리 가운데 시편 기도를 통해 깊은 감명을 받지 않은 사람이 과연 있을까? 우리는 삶의 중요한 순간마다 그분과 하나가 되어 동행하기 위하여 시편 기도를 바친다. 즐거울 때는 '할렐루야' 노래와 감사의 환호가 아주 자연스럽게 우리 입술에서 흘러나온다. "너희는 맛보고 눈여겨보아라, 주님께서 얼마나 좋으신지!"(시편 34,9) 또는 "주님을 찬송하여라, 선하신 분이시다. 주님의 자애는 영원하시다."(시편 106,1) 하느님께 커다란 신뢰를 두고 있을 때, "주님은 나의 목자, 나는 아쉬울 것 없어라."(시편 23,1)를 콧노래로 부르지 않는가? 암울할 때, "주님, 깊은 곳에서 당신께 부르짖습니다. 주님, 제 소리를 들으소서."(시편 130,1-2)라고 시작하는 시편 130편의 말보다 하느님을 믿는 이들의 괴로움을 더 잘 표현하는 부르짖음은 없다.

시편은 유디인과 그리스도인들 기도에 깊은 영향을 주었고, 또한 계속해서 영향을 주고 있다. 무궁무진한 보고인 시편은 고뇌와 마친기지로 기쁨을, 두려움과 신뢰를, 실패의 두려움과 행복의 갈망을 표현한다. 시편들은 생명으로 흘러넘쳐 흐르지만, 세상에서 맹위를 떨치고 있는 증오와 폭력도 표현한다. 유다인과 그리스도인들에게 감탄할 만한 기도인 시편은 끊임없이 하느님을 찬양하게 하고, 동시에 자신들의 권리와 품위, 생존과 행복을 위해 매일같이 투쟁하는 불행한 사람들의 부르짖음도 상기시킨다.

시편은 우리의 기도가 될 수 있을까?

하지만 시편이 참으로 우리의 기도인가? 사실상 매일 시편으로 기도를 바치는 그리스도인인 우리는, 성경 전승에서부터 이러한 기도의 유산을 물려받은 사람답게 과연 행복한가? 단순한 테스트를 통하여 이에 대한 답을 얻을 수 있는데, 그러기 위해서는 우리가 지난 주일 미사성제 안에서 낭송한 시편이 얼마나 큰 영향을 미쳤는가를 회상하는 것으로 충분할 것이다. 그런데 많은 경우, 미사성제 안에서 시편이 나에게 준 영향이 미약하기 때문에, 그다지 큰 영향을 미치지 않는다고 답해야 할 것 같다.

시편이 우리 전례 집회에서 그 풍요로운 과거에도 불구하고 (또는 아마도 그 때문에) 약간의 어려움을 안겨 준다는 것은 사실인 것 같다. 상황을 요약하자면, 나는 "가련한 시편!" 하고 말하고 싶은 충동을 느낀다. 가끔 "시편은 우리 백성들에게 아무런 의미가 없다."고 넋두리하는 것을 들었다. 그 결과 우리는 시편 텍스트의 낭송을 포기하고, 어느 정도 읽거나, 또는 아예 생략하고 다른 성가로 대체한다. 음악적인 요소도 문제지만, 그보다 시편의 배치와 관련해서 더 근본적인 문제가 있다. 시편에 앞서 봉독하는 제1독서(보통 구약성경에서 선택한)와 그 시편을 뒤따르는 복음서와 어떤 관계가 있는지, 그리고 더 중요한 것은 시편이 둘 사이에 어떤 연관성을 제공하는지 명확하지 않다. 분명한 것은, 첫 번째 독서를 건너뛰었다면 시편이 아무런 영향도 미치지 못했다고 해도 이상할 것이 없다는 점이다. 그렇다면 사제는 이미 낭송하거나 노래한 시편의 주제로 강론을 하는가? 그래서 시편이 진정으로 '말씀의 전례'의 한 부분을 구성하고 있는가? 아니면 시편이 우리에게 '하느님의 말씀'으로서의 능력을 상실한 것은 아닌가?

자주 바치는 시편 기도는 우리를 매번 낯선 땅으로 인도한다. 시편의 지형은 특수한 환경, 곧 농촌과 사막과 같은 근동의 지역적인 특징을 가지고 있다. 여기서 우리는 '바산의 황소들'(시편 22,13 참조) 또는 사막의 '재칼'(시편 44,20 참조)을 발견한다; 갑자기 우리는 '스켐'을 나누고 '수콧 골짜기'(시편 60,8 참조)를 돌아다니며 측량하는 자신을 발견한다; 그리고 하느님의 목소리가 '카데스의 사막'에서 들려온다(시편 29,8 참조). 이곳은 우리가 사는 세상이 아니다. 우리는 진정으로 이해하려는 노력을 포기하여 원래의 의미는 생각하지 않고 시편의 단어들만 말하거나, 또는 이상한 용어들만 찾아보고, 그것들이 우리가 사용하는 낱말 가운데 어느 것과 같은 의미인지 찾는다.

시편에서 광범위하게 차지하고 있는 경신례 배경도 상당히 독특한 색깔을 지니고 있다. 번제, 숫양의 냄새, 황소의 피, 살진 짐승, 이 모든 것은 옛 근동 지방의 종교 영역에 속하며 현재 우리의 전례 안에서는 별로 매력을 끌지 못한다. 물론 우리가 '번제'에 대한 영적인 상징을 찾을 수 있지만, 그러나 이 단어는 예를 들어 이사야 시대의 유다인에게는 매우 구체적인 뉘앙스(울림)를 담고 있었다는 것이 분명하다.

마지막으로 시편은 예수 그리스도를 통해 우리에게 계시하신 '하느님에 대한 개념'과는 다른 형상을 우리 앞에 제시한다. 때때로 이것이 시편을 이해하는 데 방해가 되기도 한다. 그룹이 함께 모여 시편을 연구하거나 곰곰이 생각하기 위하여 시편을 펼치자마자 하느님께서 '전사이자, 폭력을 휘두르시는 분, 복수심에 불타시는 분'으로 묘사된 내용이 나오기 때문에 우리는 난관에 봉착하게 된다. 이 어려움을 떨쳐 버리도록 설명하는 것이 힘들기 때문에, 비록 시편에서 이것이 하느님을 표현하는 것의 전부가 아니라고 넘긴다 하더라도, 문제가 말끔히 해결되는 것은 아니다. 이밖에도 시편에는 요새, 방패, 성채, 전사 등 하느님께 호전적인 성격을 부여하는 명칭들이 남아 있기 때문이다. "주님, 저와 다투는 자와 다투시고 저와 싸우는 자와 싸워 주소서.

둥근 방패 긴 방패 잡으시고 저를 도우러 일어나소서. 저를 뒤쫓는 자들에게 맞서시어 창을 빼 들고 길을 막으소서."(시편 35,1-3) 분명 이것은 하느님의 자비하심을 본받고, 원수를 사랑하며 아무런 조건 없이 용서하라는 복음적 훈계와는 거리가 멀다. 매우 아름답고 고전적인 '주님은 나의 목자'라는 표현도 도시에서만 생활하여 양떼나 양을 본 적이 없는 사람들이, 더군다나 양떼를 직접 돌보는 목자가 아닌 사람들이 항상 이해할 수 있는 내용은 아니다.

그리스도인인 우리가 글로 기록된 지 이천 년이 지난 시편을 가지고 기도할 때, 이것을 우리의 것으로 만들기 위해서는 분명히 어떤 노력이 필요하며, 심지어 어떤 고행이 필요할 때도 있다. 그럴 때 비로소 우리는 시편이 간직하고 있는 모든 부요함을 체험하고 만날 수 있으며, 시편과 진정한 대화를 나눌 수 있다. 이때 시편 기도는 시편이 지닌 한계를 넘어 그리스도인 고유의 기도가 될 것이다. 그러므로 시편에서 '새로운 것과 묵은 것'을 이끌어 내는 것은 우리에게 달려 있다.

시편의 기도를 표현하는 낱말들

이 책은 '시편의 특징적인 어휘'를 구성하는 특수한 낱말의 문門을 통하여 시편의 세계로 들어가도록 도움을 주려고 한다. 이 아이디어는 시편을 제대로 음미하고, 각 시편이 지닌 고유한 차이를 쉽게 이해하도록 도움을 주는 단순하면서도 구체적인 방법을 제공할 것이다.

나는 시편의 다양한 문학적 특성을 깊이 탐구하면서, 핵심 개념들을 명확하고 접근성 높게 설명하는 것이 학문적 연구를 보완할 수 있다는 것을 깨달았다. 이러한 접근은 독자들이 시편의 영적 세계를 이해하는 데 도움을 줄 수 있을 것이다.

어휘의 관점에서 시편집은 매우 독특한 특징을 보이는데, 바로 '반복'이다. 시편 기도의 어휘가 광범위하지는 않아서 같은 단어가 계속 반복되어 사용되는데, 이 사실은 그 자체로 우리에게 무엇인가를 말해준다. 기도를 할 때 독창적이고 우아한 말들만 찾을 것이 아니라, 오히려 개인적인 관계의 진실성을 추구해야 한다는 의미일 것이다. 낱말 그 자체는 대화의 초기 실마리, 통교를 위한 출발점일 뿐 기도의 본질은 아니다. 중요한 것은 다른 곳에 있는데, 그 낱말들이 전제하고 있고 또 심화하도록 도와주기를 원하는 (상호)관계에 있는 것이다.

다음으로 시편의 원어인 히브리말에도 문제가 있는데, 히브리말을 우리말로 번역할 때, 항상 그 뜻을 충분히 전달하지 못하는 아쉬움이 있다. 히브리말은 예외적으로 간결하다. 특히 히브리말 시가 그러한데(시편은 시다), 이것은 특징적으로 '강하게 대조되는 반대 개념으로' 전개된다. 예를 들면 "의인들의 길은 주님께서 알고 계시고 악인들의 길은 멸망에 이르기 때문일세."(시편 1,6)처럼 히브리말로는 여덟 단어에 불과하지만, 우리말로 옮기기 위해서는 열 개의 단어가 필요하다.

또한 히브리말은 어근으로 만들어진 언어다. 예를 들어, '성전'을 의미하는 히브리 낱말 '믹다쉬מִקְדָּשׁ'는, 정확하게 '거룩함'을 뜻하는 '코데스קֹדֶשׁ'라는 어근으로 만들어졌기 때문에, '신성함'과 어떤 관계를 암시하고 있다. 이처럼 '성전'을 표현하기 위해서는 '코데스'에 한 음절을 첨가하는 것으로 충분하다. 우리 언어에서도 '성전'과 '거룩함' 사이의 논리적 연관성을 찾을 수 있는 것은 사실이지만, 이 두 단어 그 자체에서는 그것이 전혀 드러나지 않는다.

히브리말의 셋째 특징은 앞에서 언급한 두 가지 특성에서 자연스럽게 흘러나오는 것으로서, 히브리어 낱말은 여러 가지 가치를 지니고 있다는 점이다. 같은 히브리말 낱말은 네 가지 또는 다섯 가지 방법으로 번역할 수 있다. 예를 들어, 히브리말 '헤셋חֶסֶד'은 '자애(한결같은 사랑), 사랑, 선함, 부드러움, 충성심, 충실함'으로 번역할 수 있다. 이것들은 '모두 뛰어나게 매우 좋은 품성'이라는 점에서 유사하다고 간주할 수 있지만, 그럼에도 불구하고 수용하는 뉘앙스에 따라서 이것들 사이에는 상당한 차이가 있다(예를 들면, '부드러움'과 '충실함'). 그러므로 시편을 잘 이해하고 시편을 태어나게 한 내적 경험을 이해하기 위해서는 시편 어휘의 의미에 담긴 다양한 뉘앙스를 제대로 파악해야 할 것이다.

열쇠가 되는 40개의 낱말들

우리는 시편의 많은 단어들 가운데서 40개의 단어로 구성된 낱말을 선택하였고, 이 낱말들이 사용된 각각의 성경 속 쓰임들을 확증하면서 연구하였다. 이 낱말들은 성경에 나오는 빈도에 따라 선택했다. 그뿐 아니라 우리의 현대적 사고방식으로 제시할 수 있는 의미의 다양성 또한 고려했다.

맨 앞에 붙인 '개별적인 표제어'는 이후 살펴볼 히브리말 어근을 다룬다. 이 표제어들은 시편에서 자주 사용되는 단어들로, 현대적인 의미로 번역해 소개하였다. 그리고 각 표제어에 해당하는 히브리어는 바로 밑에 음역과 함께 히브리말 문자로 표기하였다.

도표로 제시한 통계는[1] 일반적으로 해당 특정 어근을 기반으로 각각의 단어들이 사용된 전체 횟수를 말한다. 그러나 열쇠가 되는 15개 정도의 핵심 단어에 대해서는 해당 어근에서 파생된 한 단어 또는 몇 개의 특정 단어만 고려하는 것이 오히려 바람직해 보인다. 이러한 경우에는 오른쪽에 있는 도표의 해당 어근의 '다른 형태'가 사용된 누적 합계를 참고하면 된다. 도표 안의(음역으로 표기된) 제목은 가장 자주 언

---

1 히브리말 텍스트와 관련된 통계는 컴퓨터의 도움으로 이루어졌다(본래 'The Perfect Word'라는 제목의 소프트웨어를 사용하였다). 제시된 결과들은 콘코르단스(예를 들어, Mandelkern)와 구약성경의 전통적인 사전(예를 들면, 《Jenni-Westermann》)에서 이용할 수 있는 것과 비교 대조했고, 필요에 따라 수정하기도 하였다.

급되는 어근 형태 또는 그 어근에서 파생된 형태이다. 대부분의 경우, 이것은 단순 활용형에서 발견되는 동사다. 그러고 나서 도표는 통계치를 제공하는데, 우선 '구약성경'에서 나타나는 단어 또는 어근의 전체 횟수이고, 그 다음으로는 성경의 다른 책들 안에서 그것이 등장하는 '상대적인 빈도'를 소개하였다. 먼저 성경 전체에 등장하는 해당 단어의 빈도수를 제시하고, 이 단어가 가장 자주 나오는 상위 세 권의 책과 그 횟수를 표기했다. 만약 시편이 이 세 권에 포함되지 않는 경우와 해당 단어가 다른 형태로 나타나는 경우도 한눈에 쉽게 확인할 수 있도록 함께 정리했다.

각 단어에 대한 연구는 히브리말 원문에서 이루어졌다. 이곳에서 성경의 장절 인용도 역시 히브리말 원문을 따랐는데, 히브리말 시편 원문은 주로 전례용 시편 인용에 비하여 한 장 앞서 간다. 예를 들면, 전례를 통해 이미 우리에게 친숙한 '미세레레(불쌍히 여기소서)' 시편은 전례 시편에서는 50편이지만, 여기서는 히브리말 원문에 따라 51편으로 소개하였다. 마찬가지로 129편으로 알려진 '데 프로푼디스(깊은 곳에서)' 시편을 여기서는 130편으로 인용하였다.

차례에서 소개한 두 부분으로 된 목록(한글-히브리말, 히브리말-한글)은 히브리말을 모르는 사람들도 해당 낱말과 주제어를 우리말로 쉽게 연결시킬 수 있도록 도와줄 것이다. 본문은 두 부분으로 나누어지는데, 첫 번째 부분은 어근의 의미와 그 어근에서 파생된 단어에 대한 어원적, 의미적 정보를 제공한다. 두 번째 부분은 시편집에서 거의 독점적으로 나오는 단어 또는 그 단어의 어근이 사용된 경우이며, 단어가 지닌 그 특징적인 의미를 설명한다. 그리고 이 책에 수록된 개별 연구 논문들은 시편에 대한 포괄적인 이해를 돕고, 오늘날 독자들이 시편을 기도로 사용할 때 직면할 수 있는 여러 가지 문제를 해결하는 데 도움이 되는 유용한 정보를 제공할 것이다.

차 례

히브리말 – 한글

가련한(불쌍한)

아니עָנִי

구약성경 전체	219번
시편	67번
이사	23번
욥기	15번

1. 단어의 뿌리

'억압하다, 폭력을 휘두르다, 굴복시키다'를 뜻하는 히브리말 어근 '아나עָנָה' 강의強意 활용에서, '아나우עָנָו(겸손, 겸손한)', '아니עָנִי(가련함, 가련한)', '오니עֳנִי(곤궁, 곤궁한)'라는 3개의 명사가 파생하였는데, 이 명사들은 주관적인 경향보다는 객관적인 상황을 묘사한다. 또한 이 단어들은 스스로 원해서 선택한 가난보다는 외부 환경에서 영향을 받은 가난한 상태를 더 의미한다. 그리고 '겸손한'이라는 의미보다는 '모욕을 당한'이라는 의미가 히브리말 어근에 더 가깝다. 그밖에 시편에서 가난을 언급하는 어휘로 같은 뜻을 지닌 다른 형용사들, 곧 '엡욘אֶבְיוֹן'(23번)과 '달דַּל'(5번)과 '라쉬רָשׁ'(1번)가 발견된다.

2. 성경 속 쓰임

가련한 사람은 모욕을 당한 사람, 곧 폭력의 희생물이 된 사람과 사회 변두리 인생을 지칭한다. "가련한 이는 악인의 교만으로 애가 타고 그들이 꾸며 낸 흉계에 빠져듭니다."(시편 10,2) "'가련한 이들에 대한 핍박과 가난한 이들의 신음 때문에 이제 내가 일어서리라.' 주님께서 이르신다. '그가 갈망하는 대로 나 그를 구원으로 이끌리라.'"(시편 12,6) 여기서 가난이 금욕주의적 이상처럼 칭송되지 않는다면, 실제로 가난은 무력감, 비참함, 불행을 동반한다. 아울러 시편은 인간의 불행에 속하는 가련함의 파란곡절을 회상시킨다. "나는 가련하고 불쌍하지만 주님께서 나를 생각해 주시네."(시편 40,18; 70,6; 86,1; 109,22 참조) "저의 비참과 고생을 보시고 저의 죄악을 모두 없이하소서."(시편 25,18) "어려서부터 저는 가련하고 죽어 가는 몸, 당신에 대한 무서움을 짊어진 채 어쩔 줄 몰라 합니다."(시편 88,16)

다행히 가련한 이들은 하느님의 마음을 감동시킬 줄 알았고, 어떤 상황에서든지 그분의 위로와 도움을 받는다. "가련한 이의 뜻을 너희가 수치스럽게 만들지만, 주님께서 그의 피신처이시다."(시편 14,6) "여기 가련한 이가 부르짖자 주님께서 들으시어 모든 곤경에서 그를 구원하셨네."(시편 34,7) "그는 하소연하는 불쌍한 이를, 도와줄 사람 없는 가련한 이를 구원합니다. 그는 약한 이와 불쌍한 이에게 동정을 베풀고 불쌍한 이들의 목숨을 살려 줍니다. 그가 억압과 폭행에서 그들의 목

숨을 구하리니 그들의 피가 그의 눈에는 소중하기 때문입니다."(시편 72,12-14)

그렇다고 시편(집)이 단순히 절박한 상황에 처한 가련한 사람들이 마지막 순간에서야 도움을 받고 의지할 수 있게 되었다는 내용만을 다루는 것은 아니다. 시편은 지금 여기에 있는 가련한 자들을 위한 정의와 옹호를 감동적으로 간청하기도 하는데, 임금 측으로부터 이러한 옹호를 기대할 수도 있다. "그가(임금이) 백성 가운데 가련한 이들의 권리를 보살피고 불쌍한 이들에게 도움을 베풀며 폭행하는 자를 쳐부수게 하소서."(시편 72,4) 또는 권력을 쥔 사람들로부터 지지를 기대할 수도 있다. "약한 이와 고아의 권리를 되찾아 주고 불쌍한 이와 가련한 이에게 정의를 베풀어라. 약한 이와 불쌍한 이를 도와주고 악인들의 손에서 구해 내어라."(시편 82,3-4) 마찬가지로 하느님을 믿는 모든 이에게도 이러한 태도는 요구된다. "행복하여라, 가련한 이를 돌보아 주는 이! 불행의 날에 주님께서 그를 구하시리라."(시편 41,2)

우리가 가련함에 강한 거부감을 느낄지라도, 이러한 가련함의 체험은 결국 인간의 마음이 하느님을 찾는 중요한 과정으로 남게 된다. 왜냐하면 가련한 사람들은 하느님으로부터 오는 구원을 어떻게 희망해야 하는지, 그리고 그 구원에 대해 어떻게 자신의 마음을 열어야 하는지 잘 알고 있기 때문이다. "(이렇듯 가련한 이는 두들겨 맞아 쓰러지고, 힘없는 이들은 그의 폭력에 넘어집니다.) 힘없는 이, 당신께 몸을 맡기고 당신께서는 고아에게 친히 보호자가 되십니다. 주님, 당신께서는 가난한 이들의 소원을 들으시고, 그들의 마음을 굳세게 하시며 당신의 귀를 기울여 주시니"(시편 10,14.17) "가난한 이들이 이를 보고 즐거워하리라. 하느님을 찾는 이들아, 너희 마음 기운 차려라."(시편 69,33) 그들이 하느님을 찾고 있기 때문에, 그들은 실망하지 않을 것이며, 땅을 제 몫으로 받을 것이다. "가난한(온화한) 이들은 땅을 차지하고 큰 평화로 즐거움을 누리리라."(시편 37,11)

감사하다

야다יָדָה

구약성경 전체	111번
시편	67번
1역대	9번
2역대	8번
다른 형태	33번

1. 단어의 뿌리

창세기는 유다의 어머니 레아가 아들(유다)을 낳고, "'이제야말로 내가 주님을 찬송하리라.' 하고 말하였다. 그리하여 아기의 이름을 유다라 하였다."(창세 29,35) 하고 전하는데, 바로 '유다יְהוּדָה(여후다)'라는 이름도 같은 어근에서 나왔다. 이러한 동사 형태 외에도, 구약성경은 기도와 감사의 제사를 봉헌하는(시편 50,14.23; 107,22; 116,17 참조) 특정한 종교 의식을 언급할 때 명사 형태 '토다תּוֹדָה'를 사용한다(구약성경 전체 32번 가운데 시편에서 12번 나타난다). 의미면에서, 동사 '야다יָדָה'는 동사 '할랄הָלַל(찬양하다)'과 거기서 파생된 낱말들과 매우 밀접하며, 병행 구조 안에서 두 개의 동사가 자주 사용되고 있음이 발견된다(시편 35,18; 44,9; 100,4; 106,47; 109,30 참조). 대부분의 번역본들은 '~에게 감사하다'로 옮겨서,

'감사' 또는 '보은'의 개념을 강조한다. 그러나 이 '야다יָדָה' 동사는 자신의 잘못을 고백한다는 의미와 함께 참회 시편에서도 발견되며, 따라서 '고백하다, 공공연하게 선포하다'를 의미할 수도 있다(시편 32,5 참조).

2. 성경 속 쓰임

감사 시편의 구조를(시편 18; 30; 31; 40; 66; 67; 92; 107; 116; 118 참조) 살펴볼 때, '야다יָדָה' 동사의 뜻과 그 뜻이 지닌 중요성을 보다 잘 이해할 수 있다. 우선 시편 118편을 살펴보자. 이 시편은 하느님을 깊이 신뢰하는 성실한 이가 주님께서 자신에게 베푸신 놀라운 일들을 드러내는 '고백'으로 시작한다. 그리고 이러한 이야기를 듣고 있는 공동체는 하느님과 그분의 놀라운 업적을 찬미하며, 그의 고백에 모든 구성원이 동참하도록 초대하며 마무리한다. "주님의 자애는 영원하시다."(시편 118,2.29) 이 시편의 주요 부분은 하느님을 신뢰하는 이 사람이 직면했던 비탄과 그를 구하신 하느님의 개입을 묘사하는 이야기로 형성되었다(시편 118,5-18 참조). 시편의 나머지 모든 부분은 하느님을 신뢰하는 이 사람과 공동체 사이의 대화와 '하느님의 이름을 찬양하는 축제의 환호'로 이어진다(시편 118,19-28 참조).

그러므로 '감사'는 자신에게 은혜를 베푸신 하느님께 어느 개인이 감사하거나 보은하는 개인적인 사건 이상의 것, 곧 이것은 '한 개인의 믿음과 공동체의 믿음을 표현하는 행위'이다. "저는 큰 모임에서 당신을 찬송하며 수많은 백성 가운데에서 당신을 찬양하오리다."(시편 35,18) "나는 주님을 내 입으로 한껏 찬송하고 많은 이들 가운데에서 그분을 찬양하리니."(시편 109,30) 구원 이야기로 구성된 이 '고백'은 노래를 동반할 수 있다. "나는 주님께 감사드리리라(나는 주님을 고백하리라), 그분의 정의에 따라. 지존하신 주님의 이름을 찬송하리라."(시편 7,18; 18,50; 30,5; 33,2; 92,2 참조) 여기서 '고백'은 무엇보다도 '하느님의 이름을 선포하는 것'이다. 그러나 이는 하느님의 구원 행위를 직접 체험하고 그분을 신뢰하는 사람이 신자 공동체의 전반적인 삶에 도움이 되는 가르침을 이끌어 내는 것을 의미하기도 한다. "주님께 피신함이 더 낫네, 사람을 믿기보다. 주님께 피신함이 더 낫네, 제후들을 믿기보다. … 집 짓는 이들이 내버린 돌, 그 돌이 모퉁이의 머릿돌이 되었네."(시편 118,8-9.22)

또한 감사의 행위는 시편 저자를 위해 하느님께서 특별히 개입하신 특수한 사건에서 비롯되는 찬양 행위와도 구별된다. "당신께서는 저의 비탄을 춤으로 바꾸시고 저의 자루옷 푸시어 저를 기쁨으로 띠 두르셨습니다. … 주 저의 하느님, 제가 당신을 영원히 찬송하오리다."(시편 30,12-13; 138,1-3 참조)

거룩함

코데스קֹדֶשׁ

구약성경 전체	842번
레위	152번
에제	105번
탈출	102번
시편	65번

1. 단어의 뿌리

'거룩하다' 또는 '신성하게 하다'를 뜻하는 이 어근의 동사 형태 '카다스קָדַשׁ'는 시편에서 발견되지 않는다. 그러나 '거룩함'을 뜻하는 명사 '코데스קֹדֶשׁ'(45번)와 '거룩한'을 뜻하는 형용사 '카도스קָדוֹשׁ'(15번)는 시편에서 자주 나타난다. 또한 성전과 관련된 것을 지칭하기 위하여 사용된 명사 형태 '믹다스מִקְדָּשׁ'(5번)도 발견된다.

19세기 말부터 최근에 이르기까지, 성경에서 거룩함은 일반적으로 매혹적인 황홀함과 두려움을 유발시키는 종교의 거룩함의 개념과 관련된 것으로 생각되었다. 거룩함을 표현하기 위하여 성경 저자들이 사용한 어근 '카다스קָדַשׁ'에는 반드시 '따로 떼어놓은 것'이라는 개념이 전제되어 있다. 코스트칼드C.B.Costecalde가 지적한 대로,[2] 이 관점은 더 이상 일반적인 개념일 수 없고, 서부 셈족의 선례先例와 성경 텍스트들에서 발견되는 치밀한 내용과도 반대되지 않는다. 그의 주장에 따르면, 이 어근은 오히려 성별聖別과 귀속의 개념으로 번역된다. 그러나 성경 텍스트와 시편집에서 이 어근이 사용된 경우를 고려할 때, 이 어근은 '초월'이라는 기본적인 의미를 담고 있는 것도 사실이다.

2. 성경 속 쓰임

시편에 따르면, 거룩함은 하느님의 신비 그 자체에 속한다. 곧 그분의 이름은 거룩하시다(시편 33,21; 103,1; 105,3; 106,47; 111,9; 145,21 참조). 또한 하느님의 거룩하심을 고백하는 것이 이스라엘 신앙의 필수적인 부분이다. "그러나 당신은 거룩하신 분. 이스라엘의 찬양 위에 좌정하신 분!"(시편 22,4; 30,5; 99,3.5.9 참조) 이와 같이 하느님의 거룩하심이 그분의 초월성을 강조한다는 주장은, 이 특성이 야훼(주님)의 군왕 시편에서 상당히 자주 발견된다는 사실로도 확연하게 입증된다(시편 47,9; 93,5; 96,9; 97,12; 98,1; 99,5.9 참조). 또한 하느님의 거룩하심은 '거대한'과 '두려운'이라는 형용사나, '힘'과 '영광'의 특성과 연결되어 표현된다는 점도 두드러진다. "당신 진군의 날에 당신 백성이 자원하리이다."(시편 110,3) "당

2 C.B.Costecalde, Dictionnaire de la Bible, Supplément (t.X., 1985), col. 1346-1394 참조. 또한 그의 책, Aux origines du sacré biblique (Paris, Letouzey & Ané, 1986), 156쪽 참조.

신 계약을 영원히 세우셨으니, 당신의 이름은 거룩하고 경외로우시다."(시편 111,9; 29,2; 63,3; 77,14; 89,6-8 참조)

또 시편에서 거룩함은 장소와 관련되어 나타나기도 한다. 거룩한 산[특히 시온 산(시편 2,6; 3,5; 15,1; 43,3; 48,2; 87,1 참조)과 시나이 산(시편 68,18 참조)], 거룩한 성전(시편 5,8; 11,4; 65,5; 79,1; 138,2 참조), 거룩한 장소(시편 24,3 참조), 지성소(시편 28,2 참조), 거룩한 어좌(시편 47,9 참조), 거룩한 영토(시편 78,54 참조), 거룩한 거처(시편 68,6 참조), 드높은 당신의 성소(시편 102,20 참조). 정확하게 말해서 이 장소들은 하느님께서 당신을 만나 뵙도록 허락하셨고 또한 모든 사람이 머물고자 하는 곳들이다. "주님, 누가 당신 천막에 머물 수 있습니까? 누가 당신의 거룩한 산에서 지낼 수 있습니까?"(시편 15,1) "당신의 빛과 당신의 진실을 보내소서. 그들이 저를 인도하게 하소서. 그들이 저를 당신의 거룩한 산으로, 당신의 거처로 데려가게 하소서."(시편 43,3)

그러나 인간이 노력 끝에 완성 단계에 이르는 거룩함이라는 의미에서 인간의 거룩함을 암시하는 곳은 시편 어느 곳에도 없다. 인간이 거룩하다고 언급하는 약간의 예들 안에서도(시편 34,10; 89,6.8; 106,16 참조), 개인이나 단체와 거룩하신 하느님 사이에 존재하는 성별과 귀속 관계를 강조하고 있다.

구(원)하다

야샤יָשַׁע

구약성경 전체	354번
시편	136번
이사	56번
판관	22번

1. 단어의 뿌리

'야샤יָשַׁע'라는 어근은, 여기서 파생된 많은 고유명사 때문에 그리스도인들에게 가장 잘 알려진 히브리어 동사 가운데 하나이다. 특히 고유명사인 여호수아יְהוֹשֻׁעַ, 호세아הוֹשֵׁעַ, 이사야יְשַׁעְיָהוּ, 요시아יוֹשִׁיעַ, 예수יֵשׁוּעַ는 물론이고 전례에 사용되던 환호, '호산나הוֹשִׁיעָה־נָּא('구원을 베푸소서!': 마태 21,9; 시편 118,25 참조)' 덕분에 그 의미가 널리 알려졌다.

'야샤יָשַׁע' 동사는 '광범위하다, 넓다, 방대하다'를 뜻하며, '억압'과 '좁음'(라틴말 'angustia곤경, 좁음'에서 비롯된 곤경)의 반대 개념으로 사용된다. 대부분 사역형으로 사용되기 때문에, '해방하다, 장소를 비우다, 자유롭게 하다, 구출하다'의 뜻을 갖는다. 여기서 구출과 구원은 좁은 곳에 붙잡혀 갇혀 있던 사람에게 열려 있는 공간처럼 생각된다(시편 18,20;

118,5 참조). 시편에 나오는 이 어근은 세 가지로 압축되는데 구원을 뜻하는 '예샤יֵשַׁע'(20번), '여슈아יְשׁוּעָה'(45번), '터슈아תְּשׁוּעָה'(13번)이다.

일반적으로, 구약성경에서 '구원'이라는 낱말은 신약성경과 그리스도교 신학에서 이 단어가 지니고 있는 영성적인 의미, 곧 죄의 용서, 악의 영향력과 사탄에게서 해방 등과 같은 의미를 갖고 있지는 않다. 그보다는 위험, 재앙으로부터의 '구출' 또는 구체적이고 눈에 보이는 원수에게서의 '구출'을 뜻한다. 이것은 실제로 '승리'를 뜻하는 군사적인 문맥 안에서도 쉽게 발견된다(판관기에서 자주 나타난다).

2. 성경 속 쓰임

구원을 뜻하는 구체적인 의미가 시편 여러 곳에서 발견된다. 하느님은 공격자, 원수, 육체적인 위험이나 곤경에서 구해 주신다. "하느님, 당신께 피신하니, 뒤쫓는 모든 자들에게서 저를 구하소서, 저를 구해 주소서."(시편 7,2) "당신 자애의 기적을 베푸소서. 당신 오른쪽으로 피신하는 이들을 적에게서 구해 주시는 분이시여!"(시편 17,7) "찬양받으실 주님을 불렀을 때 나는 원수들에게서 구원되었네."(시편 18,4) "사자의 입에서, 들소들의 뿔에서 저를 살려 내소서."(시편 22,22) "하느님, 저를 구하소서. 목까지 물이 들어찼습니다."(시편 69,2) "제가 비록 곤경 속을 걷는다 해도 당신께서는 제 원수들의 분노를 거슬러 저를 살리십니다. 당신 손을 뻗치시어 당신 오른손으로 저를 구하십니다."(시편 138,7)

이와 같이 '구원'이란 단어는 많은 곳에서 전쟁 또는 다른 치욕에서의 승리의 결말을 의미하는데(시편 76,10; 108,7 참조), 단순히 '승리'로 옮길 수도 있다. "우리가 당신 구원에 환호하며 … 나는 이제 안다네, 주님께서 당신의 기름부음받은이에게 구원을 베푸심을. 그분께서 당신의 거룩한 하늘에서 당신 오른손의 구원 위업으로 그에게 응답하시리라. … 주님, 임금에게 구원을 베푸소서."(시편 20,6-7.10) 물론 선의善意로 얻은 군사적인 승리의 공을 하느님께 귀속시키기도 하지만, 그보다는 자신들의 힘과 군사력으로 거둔 승리로 이해하는 것이 좋은 경우도 있다(시편 44,4.7-8 참조). 여하튼 우리의 다툼과 전쟁 안에 하느님을 불러들이고 그분을 보증인으로 삼으려는 위험이 매우 현실적으로 존재하는데, 이러한 유혹은 백성 전체의 행복과 민족들 사이의 평화를 원하시는 그분의 계획을 방해하는 것도 사실이다. 그런데 그들이 유배에서 돌아왔을 때, '구원'은 재건과 재소집의 형태를 취하게 된다. "하느님께서는 시온을 구하시고, 유다의 성읍들을 세우신다."(시편 69,36) "주 저희 하느님, 저희를 구하소서. 민족들에게서 저희를 모아들이소서."(시편 106,47) 거의 같은 시기에, 예레미야와 신명기 학파의 영향을 반영한 시편 51편은 죄의 용서와 관련된 내면적인 구원 개념을 표현한다. "당신 구원의 기쁨을 제게 돌려주시고 순종의 영으로 저를 받쳐 주소서."(시편 51,14)

기도

터필라תְּפִלָּה

구약성경 전체	77번
시편	32번
2역대	12번
1열왕	8번
다른 형태	79번

1. 단어의 뿌리

히브리말에서는 기도와 관련된 모든 것을 특별히 풍부하고 융통성 있게 표현하는 어휘들이 많이 발견되는데, 특히 시편의 경우가 그렇다. 무엇보다도 히브리말 '터필라תְּפִלָּה'는 '기도'를 지칭하는 전문 용어로 규정할 수 있지만, 그밖에 다른 낱말들은 이 단어 주위를 맴돌 뿐이다. 이 단어가 파생되어 나온 동사 어근 '팔랄פָּלַל'의 본래의 의미가 무엇인지는 아직도 토론의 여지가 있다. 우선, 지난 세기에 이 단어를 '자기의 ~을 베다, 상처를 입다'를 뜻하는 아랍어 '팔라falla'와 연결시키려고 하였는데, 이러한 시도는 이 단어가 지닌 황홀경(무아지경)에 들어가는 것을 표현하는 전문 용어라는 특징을 고려하였기 때문인 것으로 보인다. 두 번째 가설은 이 단어를 발음이 유사한 히브리말 동사 '나팔

נָפַל(떨어지다)'과 결부시키는 것인데, 이 경우에는 기도하기 위해 엎드리는 것을 뜻한다. 성경에서 대부분 이 '팔랄פָּלַל' 동사는 '~를 위해 기도하다, 중재하다'(창세 20,7.17; 신명 9,20.26 참조)의 뜻과 함께 재귀再歸 활용 안에서 발견된다.

2. 성경 속 쓰임

시편에서 '터필라תְּפִלָּה'는 개인 시편의 제목으로 5번 발견된다. 곧 '다윗의 기도'(시편 17,1; 86,1; 142,1 참조), '(하느님의 사람) 모세의 기도'(시편 90,1 참조), '낙담하여 주님 앞에 근심을 쏟아 붓는 가련한 이의 기도'(시편 102,1 참조)와, 한 번은 다윗의 이름 밑에 모여진 시편집, 곧 '(이사이의 아들) 다윗의 기도들'(시편 72,20 참조)이라는 시편집의 결론으로 등장한다.

'터필라תְּפִלָּה' 단어와 병행하여 사용된 개념을 통하여 정의를 내린다면, 기도는 방대하고 다양한 체험으로 덮여 있다는 점이다. '터필라תְּפִלָּה'는 '부르짖음'(시편 4,2; 5,3; 88,14; 102,2 참조), '하소연'(시편 17,1; 61,2; 88,3 참조) 또는 '탄원'(시편 6,10; 55,2; 86,6; 143,1 참조), '말들'(시편 54,4 참조), '노래'(시편 42,9 참조), '훈육'(시편 142,1 참조)이 될 수도 있다. '터필라תְּפִלָּה'라는 어휘에 담긴 표현이 다양한 것처럼, 기도는 살아가면서 매우 중요한 모든 순간에 드린다. "곤경의 때에"(시편 32,6) 절실함을 느끼듯이, 하느님을 믿는 이에게 있어서 기도는, 필수 종교 의식처럼 정해진 일상적인 나날의 삶의 근간이 되는 대들보 역할을 한다. 기도는 아침부터

["아침에 저의 기도가 당신께 다다르게 하소서."(시편 88,14; 5,3-4 참조)] 저녁까지["저의 기도 당신 면전의 분향으로 여기시고, 저의 손들어 올리니 저녁 제물로 여겨 주소서."(시편 141,2)] 하루 종일 올려진다. 낮뿐만 아니라 하느님의 사랑으로 가득 찬 하루에 대한 응답으로 밤에도 봉헌되는 것이다. "낮 동안 주님께서 당신 자애를 베푸시면 나는 밤에 그분께 노래를, 내 생명의 하느님께 기도를 올리네."(시편 42,9)

그런데 시편에서는 기도에 대한 이론보다 실천을 더 강조한다. 물론 기도에 대한 충고와 원칙 또는 기술적인 면도 조금 발견되지만, 무엇보다도 기도에 대한 유일한 기준은 진실인 것 같다. "주님, 의로운 사연을 들어 보소서. 제 부르짖음을 귀여겨들으소서. 거짓 없는 입술로 드리는 제 기도에 귀 기울여 주소서."(시편 17,1) 이 한 가지 조건을 제외하고는, 어느 기도도 질책 받거나, 금지되거나, 제한받지 않는다. 축제 때 가장 아름다운 노래로 기도하듯이, 기도는 절망, 고뇌, 불의, 불행의 모든 상황에서도 저절로 올라간다.

시편의 기도를 찬양과 함께 바치지만, 그럼에도 불구하고 극적인 성격 또한 간직한다. 그래서 가끔 고통스러운 상황에서도 봉헌한다. "주 만군의 하느님, 당신 백성의 기도에도 아랑곳없이 언제까지나 노여워하시렵니까?"(시편 80,5) "그러나 주님, 저는 당신께 부르짖습니다. 아침에 저의 기도가 당신께 다다르게 하소서. 주님, 어찌하여 저를 버리십니까? 어찌하여 당신 얼굴을 제게서 감추십니까?"(시편 88,14-15)

기뻐하다

사마흐שָׂמַח

구약성경 전체	269번
시편	68번
잠언	28번
이사	25번

1. 단어의 뿌리

이스라엘 종교는 축제와 음악과 춤은 물론, 기쁨을 증진시킬 수 있는 모든 것에 커다란 중요성을 부여한다. 따라서 시편에 기쁨과 관련된 어휘가 매우 많다는 사실은 놀랄만한 일이 아니다. 시편에서 동사 '사마흐שָׂמַח(기뻐하다)'는 52번, 형용사 '사메아흐שָׂמֵחַ(기뻐하는)'는 3번, 명사 '심하שִׂמְחָה(기쁨)'는 13번 발견된다. 마찬가지로 이와 관련된 동의어도 풍부하게 나타난다. '시스שִׂישׂ(기뻐하다)'와 여기서 파생된 단어는 구약성경 전체에서 65번 발견되는데, 이사야서에 24번 등장하고 시편에는 12번이나 나타난다. '길גִּיל(기뻐 날뛰다)'은 구약성경 전체에서 55번 가운데, 시편에서 가장 많이 22번이나 발견된다. '라난רָנַן(환호하다)'도 구약성경 전체 91번 중 42번이나 시편에서 발견된다.

2. 성경 속 쓰임

시편은 파스카적 기쁨의 특성이라 부를 수 있는 기쁨, 하느님을 통해서만 체험이 가능한 기쁨, 곧 눈물에서 웃음, 고통에서 치유, 번식 불능에서 풍요다산, 죽음에서 생명으로 건너가는 기쁨을 강조한다.

그러나 현자들(시서와 지혜서), 특히 잠언과 코헬렛은 우리가 일상적인 나날의 삶을 살아가면서 제공받을 수 있는 기쁨이 무엇인지 우리가 감지하도록 단 한차례 암시하며 일깨워 주는데, 그것은 "인간의 마음을 즐겁게 하는"(시편 104,15) 포도주에서부터 오는 기쁨이다.[3] 그밖에 다른 모든 곳에서 시편 저자들의 기쁨은 막연한 태도나 천진난만한 낙천주의와 연결되는 것이 아니라, 고통과 죽음을 거슬러 험하고 끈질긴 투쟁으로 얻은 열매로 표현된다. "당신께서는 저의 비탄을 춤으로 바꾸시고 저의 자루옷 푸시어 저를 기쁨으로 띠 두르셨나이다."(시편 30,12; 31,8; 51,10 참조) 이 기쁨은 하느님께서 인간사 안에서 무엇인가를 바꾸시기 위하여 개입하시는 상황의 근본적인 전환, 예를 들면, 아이를 낳지 못하는 여인의 비천함이 자녀를 많이 가진 어머니의 행복으로 바뀌는 것과 같은 상황의 변화에서부터 일어난다. 아이를 낳지 못하는 여인이 "여러 아들 두고 기뻐하는 어머니"(시편 113,9)가 된다.[4]

3 "인간의 마음을 즐겁게 하는 술을 얻게 하시고, 기름으로 얼굴을 윤기나게 하십니다. 또 인간의 마음에 생기를 돋우는 빵을 수십니다."(시편 104,15)

4 "아이를 낳지 못하는 여인도 집 안에서 살며, 여러 아들 두고 기뻐하는 어머니 되게 하시는 분이시다. 할렐루야!"(시편 113,9)

모든 상황의 전환 가운데서 유배로부터 귀환은 분명히 가장 설레는 기쁨을 표출시키는 변화임에 틀림없다. 그뿐 아니라, 장시간 기다려 온 기쁨이요, 오랫동안 억제된 기쁨이다. "주님께서 당신 백성의 운명을 되돌리실 때 야곱이 기뻐하고 이스라엘이 즐거워하리라."(시편 14,7) 이 꿈이 실현될 때, 기쁨이 폭발한다. "주님께서 시온의 운명을 되돌리실 제…, 우리 혀는 환성으로 가득하였네."(시편 126,1-2) 시편의 특징인 파스카적 기쁨의 영역을 훌륭하게 표현하고 있는 이 시편의 고백은, 이스라엘에게 널리 알려진 아래 격언의 내용과 동일한 체험의 빛 속에서 이루어진다. "눈물로 씨 뿌리던 이들 환호하며('린나רִנָּה') 거두리라. 뿌릴 씨 들고 울며 가던 이, 곡식 단 들고 환호하며('린나רִנָּה') 돌아오리라."(시편 126,5-6)

일반적으로 일상적인 삶에서 마주치는 중요한 기쁨은 특별히 종교의식에서 얻을 수 있는 특유의 것이다. "저는 하느님의 제단으로, 제 기쁨과 즐거움이신 하느님께로 나아가리이다."(시편 43,4) "기뻐하며 주님을 섬겨라. 환호하며 그분 앞으로 나아가라."(시편 100,2)

하느님의 기쁨에 대해서는 전체 시편 가운데 창조 시편에서 단 한 번 언급되었는데, 이 시편은 하느님께서 매일 창조 사업을 하신 다음, 마지막에 만족스럽게 바라보시는 것을 경탄스럽게 해석하는 어투로 표현되었다(창세기 1장 참조). "주님의 영광은 영원하리라. 주님께서는 당신의 업적으로 기뻐하시리라."(시편 104,31)

길

데렉דֶּרֶךְ

구약성경 전체	706번
에제	107번
잠언	75번
시편	66번
다른 형태	62번

1. 단어의 뿌리

성경 설화 부분(창세기에서 2열왕기까지)에서, '데렉דֶּרֶךְ'은 보통 공간적인 의미 안에서 사용된다. 곧 사람이 밟고 걸어다니는 도로나 길(오솔길)과 마찬가지로 자리를 옮기는 여행과 긴 여행을 지칭할 때 사용된다(창세 3,24; 30,36; 31,23; 38,14… 참조). 그리고 하느님의 뜻에 따라 살든 아니면 그 뜻을 거스르고 살든, 사람의 삶의 방향을 지적하는 상징적 의미로도 사용되었다(신명 5,33; 9,12.16; 11,28; 30,16; 31,29 참조).

또한 이집트에서 가나안 땅에 이르기까지 안녕과 해방을 위한 길고도 험난한 행군인 이스라엘의 여정을 뜻하는 거대한 출애굽의 서사시 안에서는 또 다른 상징적 의미를 갖는다(탈출 3,18; 13,21; 신명 1,31 참조).

"우리가 뚫고 지나온 모든 길을 따라서…."(여호 24,17 참조)[5]

2. 성경 속 쓰임

시편 저자들에게 있어서 세상은 두 부분으로 구분된다. 선택의 여지가 무한한 것이 아니라, 오직 두 가지 길밖에 없는 것이다. "의인들의 길은 주님께서 알고 계시고, 악인들의 길은 멸망에 이르기 때문일세."(시편 1,6) 중간 지대가 없을 뿐 아니라, 의미에서도 어떤 미묘한 차이가 없다. 이 두 길 가운데 하나를 선택해야 한다.

지혜 시편들과 개인 탄원 시편들은 올바른 길을 조용히 추구하는 것과, 이 길을 포기하지 않고 아직 찾고 있는 구도자의 고통스러운 탐색 그 자체, 이 둘 모두를 언급하고 있다.

여기서 우리는 이 '길'을 현명하게 된 이후의 구도자의 운명으로도 이해해야 한다["주님, 당신의 길을 저에게 가르쳐주시고, 바른 길로 저를 인도하소서."(시편 27,11; 86,11; 119,33 참조)]. 이는 어느 개인의 삶에서 자신의 선택에 따라, 바르게 또는 바르지 않게 처신함으로써 그의 운명이 결정되는 것과 마찬가지이다. "그는(악인) 좋지 않은 길에 서 있

5 "우리와 우리 조상들을 이집트 땅에서, 종살이하던 집에서 데리고 올라오셨으며, 우리 눈앞에서 이 큰 표징들을 일으키신 분이 바로 주 우리 하느님이십니다. 그분께서는 우리가 걸어온 그 모든 길에서, 또 우리가 지나온 그 모든 민족들 사이에서 우리를 지켜 주셨습니다."(여호 24,17)

다."(시편 36,5)[6] "네 길을 주님을 향해 두어라."(시편 37,7)[7]

여러 곳에서 시편은 집단적으로 걸어가야 할 공동의 길에 대하여 언급하는데, 어떤 경우는 충실한 길을, 어떤 경우에는 잘못된 길을 제시하지만, 그 끝은 늘 하느님과 함께 걷도록 초대하는 것으로 마무리한다. "내 백성이 내 말을 듣기만 한다면, 이스라엘이 내 길을 걷기만 한다면!"(시편 81,14; 44,19; 95,10 참조)

마지막으로, 당신 뜻대로 행동하시고 역사를 이끄시는 하느님의 길이 있다. "그의 길이 흠이 없는 분은 하느님이시다."(시편 18,31)[8] "하느님, 당신의 길은 거룩합니다. 하느님처럼 위대한 신이 누가 또 있습니까?"(시편 77,14) "주님의 영광이 크시니, 주님의 길을 노래하게 하소서."(시편 138,5) "주님께서는 당신의 모든 길에서 의로우시고, 모든 행동에서 성실하시다."(시편 145,17)

이 텍스트들 안에서 주님의 길은 주님의 일상적인 행동 방식을 언급하지만, 이 길은 늘 신비로 남아 있다. 그래서 그 길이 드러날 때에도["당신의 길을 모세에게, 당신의 업적을 이스라엘 자손들에게 알리셨다."(시편 103,7)] 그것을 전혀 이해하지 못했다. "(그들은) 마음이 빗나간

---

6 "그는 잠자리에서 죄를 꾸미고 좋지 않은 길에 서서 악을 물리치지 않는다."(시편 36,5)

7 "주님 앞에 고요히 머물며 그분을 고대하여라. 제 길에서 성공을 거두는 자 때문에, 음모를 실행에 옮기는 사람 때문에 격분하지 마라."(시편 37,7)

8 "하느님의 길은 결백하고 주님의 말씀은 순수하며 그분께서는 당신께 피신하는 모든 이에게 방패가 되신다."(시편 18,31)

백성이다. 그들은 내 길을 깨닫지 못하였다."(시편 95,10)

만일 길을 지칭하는 이 '데렉דֶּרֶךְ'이라는 단어에 오솔길, 걸어감, 올라감(시편 120-134편의 '상승 또는 순례의 시편' 참조)의 의미를 첨가한다면, 이 시편들은 순례와 행군의 영성을 소개하고 있다는 점을 놓치지 말아야 한다. 우리는 여기에서 멈출 수 없고 이미 얻은 성과에 만족할 수도 없다. '하느님께서 늘 앞에 계시다'는 것을 기억하면서 약속의 땅을 향한 행군을 다시 계속해야 하는 것이다. "하느님, 당신께서 당신 백성에 앞서 나아가실 때, 당신께서 사막을 행군하실 때, 땅은 뒤흔들리고…."(시편 68,8-9)[9]

9 "하느님, 당신께서 당신 백성에 앞서 나아가실 제, 당신께서 사막을 행진하실 제 셀라. 땅이 뒤흔들리고 하늘마저 물이 되어 쏟아졌습니다. 하느님 앞에서, 시나이의 그분, 하느님, 이스라엘의 하느님 앞에서."(시편 68,8-9)

다윗

다윗דָּוִד / דָּוִיד

구약성경 전체	1075번
1사무	291번
2사무	285번
1역대	189번
시편	88번

1. 다윗은 시편의 저자인가?

시편을 제대로 이해하기 위해서는 무엇보다도 시편에 반영된 다윗의 용모를 살펴보는 것이 중요하다. 그의 치세를 다루고 있는 역사서를 제외하고는 시편에서 그의 이름이 가장 많이 나타나는데, 88번의 언급 가운데 73번은 시편 서두에 나온다(개인 시편의 '표제' 또는 '부제'로 소개된다). 히브리말 성경의 형식은 '미즈모르 러다윗מִזְמוֹר לְדָוִד(다윗의 시편)'이다(가끔 거꾸로 '러다윗 미즈모르'로 소개되기도 한다). 그러나 이 형식은 '다윗을 위한(다윗에게 경의를 표하기 위한)' 또는 '다윗의(다윗에 의한) 시편'으로도 옮길 수 있기 때문에 그 뜻이 애매하다. 그뿐 아니라, 시편 72편 마지막 절에서는 전체 시편의 수집이 그의 이름 아래 이루어진 것으로 언급하고 있다. "이사이의 아들 다윗의 기도는 여기에서 끝난다."(시편

72,20) 이처럼 매번, 시편 구성의 공을 그의 이름에 돌리는 것이다.

한편 시편을 다윗에게 귀속시키는 것은 타당하며, 전례 활동의 발전, 특히 시편의 발전에 있어서 다윗이 실제로 한 역할과 잘 어울린다. 고대 역사서들은(예를 들면, 2사무 6; 23) 이미 다윗의 이 역할을 암시하고 있고,[10] 이 사실은 성경 전승을 통틀어, 특히 구약성경 후기 작품들 안에 널리 알려져 있다(1역대 15,16; 16,7.23; 집회 47,8-10 참조).

그러나 시편을 다윗에게 귀속시킬 때 너무 지나쳐서도 안 된다. 시편 제목의 상당수가 다윗에 대하여 3인칭으로 말하거나, 또는 제목과 함께 그에 대하여 3인칭으로 서술하고 있기 때문에, 이것들을 다윗이 직접 자신에게 귀속시킬 수는 없었을 것이다(시편 3; 7; 18; 34; 36 참조). 언어적 판단 기준도 이와 완전히 다른 방향, 곧 유배 이후 시기를 지적하고 있다('시편의 집성 연대-기나긴 역사' 참조).

2. 시편과 다윗의 체험(시편 안에서 다윗의 모습)

시편은 단지 저자로서 다윗보다는, 다윗과 관련된 것들을 더 많이, 더 좋게 언급한다. 다윗은 인간의 한 사람으로서, 주님을 신뢰하여 믿는 자였다. 그는 자신의 한계, 죄, 번민의 불행을 체험했지만, 주님의

10 역주: 다윗은 시인으로서(2사무 1,17.19-27; 3,33-34 참조), 음악가로서(1사무 16,16-23; 18,10 참조), 그리고 악기 발명가로서(느헤 12,36; 아모 6,5 참조) 명성을 누렸다. 다윗이 종교 예식과 전례 음악을 체계화했다는 전승도 있다(1역대 15-16; 23,5; 에즈 3,10 참조).

자애를 깨닫고 그분을 찬양한 행복한 사람이기도 하였다. 분명 14개 이상의 시편이 다윗과 관련된 잘 알려진 사건과 연결되어 있지만, 또 어떤 경우에는 다윗의 일생과 관련된 특별한 사건과 애매하게 연결되어 있는 것도 사실이다(시편 3; 7; 18; 34; 36; 51; 52; 54; 56; 57; 59; 60; 63; 142 참조). 그 사건이 이미 잘 알려진 경우에, 문제의 시편은 인간이 명쾌하게 깨달을 수 있는 진리에 도달하게 하는데, 특히 과거를 비난하지 않으면서도 무섭게 상기시키는 시편 51편의 경우가 그렇다["시편. 다윗. 그가 밧 세바와 정을 통한 뒤 예언자 나탄이 그에게 왔을 때"(시편 51,1-2)]. 이 시편 안에서 우리는 용서받은 죄인의 유형과 자기 죄의 책임을 충분히 떠맡는 그 사람이 하느님의 연민과 자비를 통해 '새로운 창조물'이 된다는 사실을 어렵지 않게 발견하게 된다.

3. 메시아적 용모를 갖춘 다윗

대부분의 시편 안에서 매번 다윗의 이름이 하나의 예로 인용된다. 그에게는 약속의 상속인["나는 내가 뽑은 이와 계약을 맺고, 나의 종 다윗에게 맹세하였노라. '영원토록 네 후손을 굳건히 하고, 대대로 이어질 네 왕좌를 세우노라.'"(시편 89,4-5)], 또는 당신 백성의 목자가 되도록 선택한(시편 18,51; 78,70-72; 89,36-37; 132,10-11.17; 144,10 참조) 메시아의 모습과 같은 신학적 상징이 지닌 특성이 주어진다["나는 나의 종 다윗을 찾아내어, 그에게 나의 거룩한 기름을 부었노라."(시편 89,21-22)].

시편의 집성 연대(기나긴 역사)

시편의 집성 연대를 밝히는 것은 어렵고 위험한 일이다. 시편집을 살펴보면 제목이나 표제(예를 들면, 다윗의 시편)를 통하여 어떤 시편을 어느 한 개인에게 귀속시키거나 또는 어느 개인의 삶의 특별한 사건과 관련짓고 있지만, 이를 뒷받침해 줄 만한 어떤 결정적인 논증을 제시할 수 있는 것은 아니다. 그러나 확실하게 말할 수 있는 것은 시편집은 거의 천 년의 집성 과정을 거친 기나긴 편집 역사를 갖고 있다는 점인데, 이를 뒷받침해 주는 주요 표지標識는 다음과 같다.

1. 시편집에서는 가장 오래된 시편들, 예를 들면 탈출기 15장(모세의 찬가와 미리암의 노래)과 판관기 5장(드보라의 승리의 노래)의 시편이 발견되지 않는다. 적어도 탈출기 15장과 판관기 5장에 소개된 이 시편들은, 이스라엘이 탈출기 15장과 판관기 5장에서 체험한 사건과 그와 동시대(곧 모세 시대와 판관 시대)에 비롯된 일부 단락들로서, 가장 오래된 시편에 해당한다.

2. 성경의 증언에 따르면, 이스라엘에서 시편의 저작과 편집은 기원전 1000년에서 970년 사이에 통치하던 다윗과 그와 함께 일하던 사람들의 책임 아래 있었는데, 이들은 전례적 종교 의식의 편

성 및 시편들을 수집하던 이들이기도 하였다(1역대 15-16; 25; 집회 47,8-10 참조).

3. 정경 예언자들(특히 기원전 7세기의 예레미야)은 시편에 커다란 영향을 미쳤다(예를 들면, 시편 1편은 예레미야서 17장 5-8절의 주제를 취하였다). 예언서의 텍스트와 시편 사이에 명백한 유사성이 발견되는 경우에는 시편이 예언서 단락에서 유래하며, 그 반대는 성립되지 않는다는 데 학자들의 주장이 일치한다. 그토록 개인적이고 혁신적인 예언자들이 이미 보는 이에게 잘 알려진 후렴구를 시편에서 취하여 반복하였다고 생각하는 것은 분명히 별 의미가 없어 보인다. 오히려 그 반대의 경우가 더 설득력이 있다. 시편 전승은 확고하게 예언자들의 권위에 근거를 두고 있다.

4. 유배와 귀환의 체험(기원전 597-538년)이 시편에 자주 나타난다(시편 13,6; 51편의 마지막 부분; 126편과 137편의 대부분; 147,2-3 등). 상당수의 시편이 귀환 직후의 열광적인 기쁨 못지않게 어두운 유배 기간 동안의 이스라엘의 나담을 회상하고 있다.

5. 몇몇 시편들은 유배에 버금가는 위기를 언급하는 것으로 보이지만, 그러면서도 동시에 예언자들의 침묵에 대한 역설도 발견되

기 때문에(시편 74,9; 77,9-10; 83; 89,6-8 참조), 이 시편들은 예언의 몰락을 한탄하던(다니 3,38; 1마카 9,27 참조) 마카베오 시대에(기원전 160년경) 구성되었다는 추론도 제시된다.

한마디로, 시편들의 저작과 수집 역사는 매우 풍부하면서도 복잡하여, 800년 정도의 기간에 걸쳐 다양한 시편들이 시편집에 모아졌다. 그러므로 각각의 시편은 실제로 그 시편에 담긴 어휘와 신학 안에서 개별적으로 연구되어야 하며, 집필 연대가 보다 확실한 다른 성경 텍스트들과도 비교되어야 한다.

이러한 기나긴 역사의 열매인 시편은 진정한 의미에서 이스라엘의 충실한 동반자이다. 시편은 가장 불안했던 위기 상황뿐만 아니라 가장 기쁜 영광의 시기에도 그들과 함께하였다. 따라서 이스라엘의 다양한 신학 전승의 합류 장소인 시편은 구약성경의 신앙을 신학적이고 영성적으로 요약한 것으로 간주해야 한다.

돕다(~의 도움을 받다)

아잘עָזַר

구약성경 전체	128번
시편	42번
이사	17번
2역대	15번

1. 단어의 뿌리

'도움'과 관련된 히브리말 어근은, 동사 형태 '아잘עָזַר'(81번)과 여기서 파생된 두 가지 명사 형태인 '에젤עֵזֶר'(23번)과 '에즈라עֶזְרָה'(26번)를 포함하여 128번 나타난다. 이 어근은 가끔 군사적인 의미를 갖는데, 곧 전투에서 도움을 준다는 뜻이다(여호 1,14; 10,4.6.33; 판관 5,23; 2사무 8,5 참조). 예언자들은 이스라엘이 주님으로부터 도움이 오리라는 신뢰를 저버리고, 인접한 백성들과 맺은 동맹에 의해 크게 도움을 받으리라는 잘못된 환상을 지적하였다(이사 20,6; 30,5; 31,1 참고).

'도움'이라는 개념은 공동 참여라는 의미도 갖고 있다. 도움을 주러 오는 사람의 개입은 도움을 받는 사람이나 또는 난제의 노력에 접목되어(여호 10,4 이하 참조), 결국 동맹을 맺은 두 당사자들이 공동 과제를 함께 수행해 나간다. 공동 참여라는 의미가 여자가 남자에게 가져온 '도움'이라는(창세 2,18.20 참조) 의미 안에 담겨 있기 때문에 이것을 '협력자'로도 이해할 수 있을 것이다.

하느님을 믿는 이들이 동경하는 도움은 무엇보다도 하느님께서 주시는 도움이다. 하느님께서 이 동사의 주어로 사용된 경우가 30번인데 아자리야, 엘리에젤, 엘리아잘, 라자로, 아즈리엘의 경우처럼 이 어근과 하느님의 이름이 합성되어 파생된 고유 명사가 매우 많다.

2. 성경 속 쓰임

시편에서는 하느님에게서 오는 도움을 간청하는 목소리가 곧바로 절박한 어조로 표현된다. 이것은 진행 중이거나 계획된 도움, 또는 오랫동안 곰곰이 생각하여 오랜 기간에 걸쳐 나누어서 주는 도움이라기보다는 당장 주어야 할 도움이다. "그러나, 주님, 당신께서는 멀리 계시지 마소서. 저의 도움이시여, 저를 도우러 빨리 오소서."(시편 22,20; 38,23; 40,14; 70,2.6; 71,12 참조) 많은 경우에 있어서, 다른 인간에게 도움을 기대하였다가 그것이 어긋나서 갖게 되는 실망은 무력감을 갖도록 한다. "제게서 멀리 계시지 마소서. 환난이 다가오는데 도와줄 이 없습니다."(시편 22,12) 또한 "저희를 적에게서 구원하소서. 사람의 구원은 헛됩니다."(시편 108,13) 그러므로 확실한 도움의 원천을 향해야 한다. "산들을 향하여 내 눈을 드네. 내 도움은 어디서 오리오? 내 도움은 주님에

께서 오리니, 하늘과 땅을 만드신 분이시다."(시편 121,1-2)

흔하지는 않지만 상당한 설득력과 함께 이 단어는, 절망과 위기 상황에서는 물론이고 행복하고 평온한 모든 순간에도 자비하심으로 당신을 신뢰하는 이들과 늘 함께하시는 하느님께서 주시는 매일의 일상적인 도움을 일컫는데 사용된다. "당신께서는 정녕 재앙과 재난을 보시고 손수 처리하시려 살피고 계십니다. 힘없는 이, 당신께 몸을 맡기고 당신께서는 고아에게 친히 보호자가 되십니다."(시편 10,14) "성소에서 당신께 도움을 보내시고 시온에서 당신을 받쳐 주시며."(시편 20,3) "제가 살아 당신을 찬양하고, 당신의 법규가 저를 돕게 하소서."(시편 119,175)

과거를 회상시키거나 갈망해 오던 하느님의 도우심에 대한 확신은 이스라엘의 믿음 안에 깊이 뿌리를 내리고 있다. "하느님께서 우리의 피신처와 힘이 되시어, 어려울 때마다 늘 도우셨기에"(시편 46,2) 그러므로 하느님의 도우심을 헤아릴 수 있는 것보다 더 큰 행복은 없다. "행복하여라, 야곱의 하느님을 도움으로 삼는 이! 자기의 하느님이신 주님께 희망을 두는 이!"(시편 146,5)

두려워하다

야레יָרֵא

구약성경 전체	435번
시편	83번
신명	44번
이사	34번

1. 단어의 뿌리

어근 '야레יָרֵא'는 '두려움'을 의미하는 두 가지 명사 형태인 '이라יִרְאָה'(45번)와 '모라מוֹרָא'와 마찬가지로 동사 형태로도 나타난다['무서운'을 의미하는 분사 형태인 '노라נוֹרָא'로 45번, '두려워하는'을 뜻하는 동사적 형용사인 '야레יָרֵא'로 45번 사용된 것을 포함하여 333번 등장한다].

근본적으로 이 어근은 두려운 상태에서 일어나는 다양한 감정에 적용된다. 그러나 종교적인 영역에서는 하느님의 신비에 대하여 특별한 존경의 태도를 취하는, 소위 존경심(경외심)과 밀접하게 관련된 의미를 지닌다.

2. 성경 속 쓰임

두려움은 시편의 저자들이 극복하려고 하는 위험한 상황에서 생긴다. 심지어 그들이 그 두려움을 극복했다고 말할 때에도, 염려하고 있는 바가 무엇인지를 밝힌다. 예를 들면, 시편 저자들은 '불행의 날'(시편 49,6 참조)이나 단순히 '불행의 예고'(시편 112,7 참조), '밤의 공포'(시편 91,5 참조), '죽음의 골짜기의 악'(시편 23,4 참조), '위협하는 수많은 무리'(시편 3,7 참조), '살덩이(인간)에 의한 일격'(시편 56,5 참조), 아니면 반드시 죽어야 할 '인간 존재들이 가하는 일격'(시편 56,12; 118,6 참조) 등을 두려워한다.

하느님을 두려워하는 것도 실제적인 의미를 갖고 있는데, 곧 하느님은 두렵고 경외로우신 분으로서 인간이 두려움을 느끼게 하신다. "당신은 경외로우신 분, 당신께서 진노하실 때, 누가 당신 앞에 서 있겠습니까? 당신께서 하늘로부터 심판을 선포하시니, 땅이 놀라 숨을 죽였습니다."(시편 76,8-9) "누가 당신 진노의 위력을, 누가 당신 노여움의 위세를 아오리이까?"(시편 90,11) "당신이 무서워 제 살이 떨리며, 제가 당신의 법규를 경외합니다."(시편 119,120) 어떻게든 이 텍스트들이 주는 충격을 완화하려 하더라도, 이스라엘 종교 안에서 그러하듯 우리의 종교 안에서도 이 '두려움'이 어떤 일정한 역할을 한다는 것은 분명하다(장 들뤼모Jean Delumeau의 작품을 참조하라).

시편에서 이 어근은 동사적 형용사와 함께 가장 눈에 띄게 사용되었다. 곧 '너를 두려워하는 그들'(4번), '그를 두려워하는 그들'(10번), '주님을 두려워하는 그들'(6번), '하느님을 두려워하는 그들'(1번)이 자주 나타난다. '하느님을 두려워하는' 이 사람들은 누구인가? 그들은 실제로 믿는 이들의 공동체다. 그들은 하느님께 영광을 드리기 위해 성전에 모인 전례적 집회(공동체)이다. "주님을 경외하는 이들아, 주님을 찬양하여라. … 큰 모임에서 드리는 나의 찬양도 그분에게서 오는 것이니, 그분을 경외하는 이들 앞에서 나의 서원을 채우리라."(시편 22,24.26) 그런데 보다 후대의 텍스트들 안에서 이 표현은 특별히 '열심한 이들'을 지칭하는 것으로 보인다. "주님께서는 당신을 경외하는 이들과 사귀시고, 당신 계약을 그들에게 알려 주신다."(시편 25,14; 34,10; 103,11.13 참조) 하느님을 두려워하는 사람은 믿는 이의 모범이요, 가장 이상적인 신자며, '(주님의) 길을 걷는' 사람이다(시편 128,1 참조).

하느님의 현존 앞에서 성경의 백성은 하느님과 자기들 사이에 놓인 거리감을 예리하게 발전시켰는데, 하느님께서는 우리와 '전적으로 다른 분'이기 때문이다. 이러한 관점에서 볼 때, '하느님께 대한 경외심'은 지극히 정상적인 것이며, 올바른 반응이다. 정확하게 이것은 하느님 신비의 의미, 하느님의 신비 앞에서 갖는 존경과 두려움이며 흠숭이다. 그러나 이러한 경외심은 두려움을 동반하는 고뇌를 결코 야기하지는 않는다. 반대로 이 경외심은 축복과 행복의 원천이다. "행복하여라, 주님을 경외하고 그분의 계명들로 큰 즐거움을 삼는 이!"(시편 112,1; 128,1 참조)

듣다

샤마שָׁמַע

구약성경 전체	1159번
예레	158번
신명	86번
이사	86번
시편	77번
다른 형태	55번

1. 단어의 뿌리

'샤마שָׁמַע' 동사는 기본적으로 '소리 · 잡음 · 말을 듣다, 감지하다'라는 의미를 갖고 있다. 그러나 이 동사는 ① 듣다, 주의를 기울이다 ② 순종하다 ③ 기도에 응답하다 ④ 이해하다 ⑤ 시험하다 등 매우 다양한 의미로 사용되었다.

무엇보다도 이스라엘의 신앙은 다른 곳에서 오는 말씀을 듣고 받아들이는 것에 기초를 두고 있다. "이스라엘아, 들어라! 주 우리 하느님은 한 분이신 주님이시다."(신명 6,4) 신명기 저자는 십계명 서두에서 똑같은 동사를 사용한다. "이스라엘아, 내가 오늘 너희에게 똑똑히 일러 주는 규정과 법규들을 들어라! 너희는 그것들을 배우고 명심하여 실천하여라."(신명 5,1) 우선 유념해야 할 것은 규정에 따라 해야 할 일 또는 하느님께 도달하기 위한 인간의 노력이 아니라, 오히려 말씀에 전적으로 내어 맡기고 사랑 안에서 그것을 듣는(순종하는) 것이다. 바오로 사도가 말했듯이, 믿음은 들음에서 생긴다["fides ex auditu."(로마 10,17 참조)].

2. 성경 속 쓰임

말씀을 듣기 위한 특별한 장소는, 기나긴 역사에 걸쳐 일어난 모든 구원 사건에 대한 기억을 간직하고 있는 백성, 곧 공동체이다. "하느님, 저희 귀로 들었습니다. 저희 조상들이 저희에게 이야기하였습니다. 그들 시대에 당신께서 업적을 이루셨습니다."(시편 44,2; 78,3-4 참조)

그러나 이스라엘의 모든 비극은 하느님에게서 받은 말씀을 준수하지 않고 불순종함으로써 비롯되었는데, 이처럼 같은 동사 '샤마שָׁמַע'는 반역하고 순종하지 않는 이스라엘을 표현할 때에도 종종 사용되었다. "그러나 내 백성은 말을 듣지 않았고 이스라엘은 나를 따르려 하지 않았다."(시편 81,12) 이스라엘의 이 비극은 하느님 개인의 비극도 된다. "내 백성이 내 말을 듣기만 한다면, 이스라엘이 내 길을 걷기만 한다면."(시편 81,14) 그러나 하느님께서는 선택된 백성이 돌아온다는 희망을 결코 포기하지 않으시고 그들에게 매일 질문을 던지신다. "그분은 우리의 하느님! 우리는 그분 목장의 백성, 그분 손수 이끄시는 양떼로세. 아, 오늘 너희가 그분의 소리에 귀를 기울인다면!"(시편 95,7)

무엇보다도 공동체 한가운데서 선포되고 수용된 말씀은 각 개인에게 전달되며, 각 개인은 이를 경청하여 심화시킨다. "하느님께서 한 번 말씀하신 바, 내가 들은 것은 이 두 가지."(시편 62,12) "하느님께서 무엇을 말씀하시는지 나는 듣고자 하네."(시편 85,9) 하느님을 믿는 이의 삶 전체는 시편 143편의 아름다운 기원으로 요약될 수 있다. "아침에 당신의 자애를 입게 하소서."(시편 143,8)

말씀을 듣는다는 것은 모험적인 시도로 머물며, 설명(답변)을 요구하거나, 재검토를 필요로 하는 수많은 심각한 국면을 수반하기도 한다. "들어라 내 백성아, 나 네게 증인하노라. 이스라엘아, 부디 내 말을 들어라. 너에게 다른 신이 있어서는 아니 된다."(시편 81,9-10; 50,7 참조)

시편집이 하느님께 이렇게 많은 부르짖음과 호소를 표현하고 있다면, 이 시편의 저자들과 이 시편을 기도하는 사람들은, 하느님께서 진정한 의미에서 '들어주시는 바로 그분'이라는 사실을 확신한 사람들인데, 이 확신은 더 유력한 논거가 되는 다음 말씀으로 보장된다. "귀를 심으신 분께서 듣지 못하신단 말이냐?"(시편 94,9) 또한 매일 매일의 체험을 통해 여러 차례 그 명백함이 확인된다. "주님, 아침에 제 목소리 들어주시겠기에, 아침부터 당신께 청을 올리고."(시편 5,4; 6,9-10 참조) 무엇보다도 가련한 사람들은 특권을 받은 증인들이다. "여기 가련한 이가 부르짖자 주님께서 들으시어."(시편 34,7; 69,34 참조)

마음

렙לֵב / 레밥לֵבָב

구약성경 전체	853번
시편	137번
잠언	99번
예레	66번
다른 형태	2번

1. 단어의 뿌리

성경에서 '마음'을 지칭하기 위하여 '렙לֵב'과 '레밥לֵבָב'이 사용된다. 이 낱말은 '라밥לָבַב' 어근에서 파생되었는데, 이 어근은 동사 활용에 따라서 '~의 마음을 사로잡다'(아가 4,9 참조) 또는 '깨닫다'(욥기 11,12 참조)의 의미를 갖는다. '어리석은'(잠언 9,4.16; 예레 5,21 참조) 또는 '마음을 두지 않은'(탈출 7,23; 9,21; 1사무 4,20 참조)과 같은 표현은 감정과 관련이 없고 오히려 지능이나 이해를 겨냥하고 있다. 그뿐 아니라, 마음과 지혜는 종종 동의어로 사용된다(1열왕 3,9 이하; 잠언 10,8; 16,21; 욥기 9,4; 37,24 참조).

2. 성경 속 쓰임

우선 마음(심장)은 생명의 리듬을 계속 두들기는 육체 기관인 심장을 뜻한다. 강렬한 감정에 잠겼을 때, 심장의 박동은 극적으로 뛴다. "저는 쇠약해지고 더없이 으스러져 끙끙 앓는 제 심장에서 신음 소리 흘러나옵니다. 제 심장은 팔딱거리고 기운도 제게서 사라졌으며 저의 눈조차 빛을 잃었습니다."(시편 38.9.11; 22,15; 37,15 참조)

시편 저자들과 성경의 다른 저자들은, '심장'이라는 육체적인 관점을 뛰어 넘어 인간의 내적 신비를 지칭하기 위하여 '마음'을 언급한다. 마음은 인간의 중심이며, 마음에서 생각, 계획, 결심, 느낌, 표현력 등이 모두 형성된다. 의미 없는 결심이나 계획도 마음에서 일어난다. 그(악인)는 "마음속으로 말합니다. '나는 영원히 흔들리지 않으리라!' … 악인은 제 마음속으로 말합니다. '하느님은 잊고 있다.'"(시편 10,6.11) 의인이 자신을 심도 있게 아시고 일생을 통하여 자신을 도와주시는 하느님의 현존에 대한 체험을 하는 것도 마음속이다. "당신께서 제 마음을 시험하시고, 밤중에도 저를 캐어 보시며."(시편 17,3) "마음과 속을 꿰뚫어 보시는 분 하느님께서는 의로우시다."(시편 7,10; 26,2; 44,22 참조)

마음은 감정의 자리처럼 나타난다. 그래서 두려움을 느끼거나 저항한다. "제 마음은 속에서 뒤틀리고, 죽음의 공포가 제 위에 떨어집니다."(시편 55,5) "나를 거슬러 군대가 진을 친다 하여도, 내 마음은 두려워하지 않으리라."(시편 27,3) 또한 마음은 항상 위협하는 고뇌의 자리이기도 하다. "고뇌가 제 마음 안에서 커지고 있나이다."(시편 25,17 참조)[11]

11 역주: 저자는 "고뇌가 제 마음 안에서 커지고 있나이다."(시편 25,17)로 옮겼으나 프

또한 마음은 신뢰의 자리이기도 하다. "주님께 바라라. 네 마음 굳세고 꿋꿋해져라."(시편 27,14) 아울러 마음은 슬픔에 사로잡힐 수도 있다. "언제까지 고통을 제 영혼에, 번민을 제 마음에 날마다 품어야 합니까?"(시편 13,3) 그러나 시편 저자들은 분명하게 마음이 기쁜 감정의 자리임을 강조한다. "저들이 곡식과 햇포도주로 푸짐할 때보다 더 큰 기쁨을 당신께서는 제 마음에 베푸셨습니다."(시편 4,8; 13,6; 104,15 참조)

마지막으로 마음은 창조적이고 대담한 의지의 역할을 수행한다. "당신 마음이 바라는 대로 당신께 베푸시고 당신의 모든 소망을 채워주시기를 빕니다."(시편 20,5) 정의로운 행동과 말은 '올바른 마음'에서만 나올 수 있다(시편 7,11; 11,2; 32,11; 36,11; 64,11; 94,15; 97,11 참조).

성경의 모든 인간학에서처럼[12] 시편에서도 마음과 눈 사이의 밀접한 연결이 발견된다(시편 19,9; 101,5; 131,1 참조). 사람의 눈과 표정은, 교만과 폭력에 대한 생각, 또는 반대로 겸손과 연민에 대한 생각 등 마음 안에 있는 것이 무엇인지 드러내거나 해석한다. 주님을 향해 '눈을 든다'는 것은 그분께서 자유롭게 사용하실 수 있도록 자신의 마음과 삶 전체를 그분 앞에 대기시킨다는 것을 뜻한다. "하늘에 좌정하신 분이시여, 당신께 저의 눈을 듭니다."(시편 123,1)

랑스 성경 《TOB》는 "제 고뇌가 저를 압도합니다."로 옮겼다. 《주석성경》(한국천주교주교회의, 2010년)은 "제 마음의 곤경을 풀어 주시고"(시편 25,17)로 옮겼다.

12 〈*Cahier Evangile*〉 46권, 16-17쪽 참조.

말씀

다바르דָּבָר

구약성경 전체	2584번
예레	319번
1열왕	201번
2열왕	158번
시편	127번

1. 단어의 뿌리

이스라엘의 신앙을 이해하기 위해서는 어근 '다바르דָּבָר'에 대한 연구가 필수적인데, 시나이의 근본적인 체험을 설명하는 데에 있어서는 바로 이 단어가 참으로 도움을 준다["그때 하느님께서 이 모든 말씀을 하셨다."(탈출 20,1; 20,19; 24,3-8 참조)]. 예언자들이 처음으로 영감을 받은 사실을 묘사하는 데 사용된 어근도 바로 이것이며(예레 1,4.9.12 참조), 예언자들의 개입 이유를 설명하는 데 사용된 어근도 바로 이 어근이다.

동사 형태로 사용된 '다바르דִּבֵּר(이야기하다, 57번)'는 동사 '아마르אָמַר(말하다)'와 매우 비슷한 뜻을 갖고 있으며, 때로는 동등한 의미로 사용되기도 한다.

명사 '다바르דָּבָר'는 프랑스어의 '말parole'이라는 단어보다 분명히 훨씬 넓은 개념을 포함하고 있는데, 이것은 말하고 있는 것의 주제를 의미할 수 있다. 곧 하나의 '사건'(잠언 11,13; 1열왕 15,1 참조), 또는 사람들의 '행동'(예레미야서 및 아모스서와 같은 일부 예언서의 제목 또는 이스라엘과 유다 각 임금들에 대하여 요약한 개요 참조), 또는 히브리어 성경의 역대기 제목처럼(글자 그대로 옮기면 "날들의 말들"이다. 실제로 이것은 '민족의 삶의 사건'들을 말한다.) 어떤 사건을 언급하는 것으로도 사용될 수 있다. 또 어떤 이야기에서 다음 이야기로 옮겨갈 때, 이야기의 전이轉移 형식으로 사용될 수도 있다. "이런 일들이 있은 뒤,…"(창세 15,1; 22,1)

2. 성경 속 쓰임

현인들처럼 시편 저자들도 '다바르דָּבָר'에 대해 같은 견해를 갖고 있는데, 틀림없이 우리는 이것을 철학자 파스칼이 사용한 용어, 곧 "말의 위대함과 비참함"으로 요약하여 개괄할 수 있다. 시편은 수많은 말의 오용과 피해를 태연하게 상기시킨다. 거짓말, 협잡과 기만의 말, 교만과 오만의 말, 파멸을 주는 말, 고통과 비통함을 주는 말, 또는 단순하게 빈말과 의미 없는 말(시편 31,19; 5,7; 58,4; 63,12; 101,7 참조).

분명 말을 남용할 경우에는 당연히 아첨하는 말이 동반되겠지만, 그럼에도 불구하고 시편 저자들은 말에 창조적이고 형제적 유대를 돈독히 해 주는 중요한 힘이 내재해 있음을 강조한다. 가장 흔하게 인용된 가치는 정의다. 곧 정의צֶדֶק(체덱)와 정의의 의미인 공정מִשְׁפָּט(미스파

트), 올바름מֵישָׁרִים(메샤림)과 진실אֱמֶת(에멧)이다. "의인의 입은 지혜를 자아내고, 그의 혀는 올바른 것(공정)을 말한다."(시편 37,30; 15,2-3 참조)

창세기와 일치하여, 시편은 우주가 시작될 때, 하느님 말씀의 '창조적인 힘'을 인정한다. "주님은 당신 말씀으로 하늘을, 당신의 입김으로 우주(모든 군대)를 만드셨네."(시편 33,6; 147,15.18 참조) 예언자들처럼 시편 저자들은 이스라엘의 역사가 지속되는 동안 내내 '하느님은 말씀하셨고 계속 말씀하신다'는 사실을 굳게 확신하였다. "당신의 말씀을 야곱에게 알리시고, 당신의 규칙과 계명을 이스라엘에게 알리신다."(시편 147,19) 그분께서는 우선 시나이에서 말씀하셨고(시편 99,7 참조), 그 다음으로 사막에서 말씀하셨다(시편 106,12 참조). 그분께서는 사무엘과 나탄과 같은 예언자들을 통하여 계속 말씀하시고 이스라엘의 역사를 이끄셨다(시편 89,20 참조).

시편은 계시의 공동체적인 체험을 회상시키면서, 하느님 말씀의 '친밀함'을 곧바로 덧붙인다. 하느님의 말씀은 그분을 경외하는 자에게 가까우며, 그의 즐거움이 된다. "하느님 안에서 나는 말씀을 찬양하네. 주님 안에서 내가 말씀을 찬양하네. 하느님께 의지하여 두려워하지 않으니…."(시편 56,11-12) 하느님을 경외하는 자를 인도하고(시편 119,105 참조) 그를 살리는 것도 이 말씀이다(시편 109,49-50 참조).

백성

암עַם / עָם

구약성경 전체	1868번
탈출	175번
예레	165번
이사	130번
시편	120번

1. 단어의 뿌리

성서 히브리어가 백성을 뜻하는 '암עַם'의 동사 형태를 보존하고 있지는 않다 하더라도, 이 '암עַם'은 '이해하다, 포함하다'를 뜻하는 것으로 잘 알려진 셈족 어근 '아맘עָמַם'에서 파생되었다. 그런데 시편집에서는 백성을 지칭하는 또 다른 두 개념, 곧 '고이גּוֹי'(60번)와 '러옴לְאֹם'(14번)이 사용되었다. 이 세 단어 모두 같은 것을 뜻하지만, '고이גּוֹי'(복수 형태는 '고임גּוֹיִם'이며, 이 형태가 더 자주 나타난다.)는 주로 '이방인들'로 고려되는 외국 민족을 지칭하기 위해 사용되는 반면, '암עַם'은 한 가정, 한 부족 또는 한 종족에 속하는 동질감을 더 강조하기 위하여 사용된다. 더욱이 이방인과 구별하여 하느님의 백성인 이스라엘을 지칭하기 위해 이 '암עַם'이 사용된다.

2. 성경 속 쓰임

'암עם'이 사용된 예들을 살펴보면, 이스라엘의 특수성과 그의 소명의 보편성 사이의 명백한 긴장이 드러난다.

탈출기-민수기-신명기 및 예레미야서 선상에서 시편은, 이스라엘을 편들어 하느님께서 몸소 하신 일련의 개입은 물론, 이와 마찬가지로 하느님 편에서의 자유롭고 무상의 선택에 기초한 관계인 하느님과 이스라엘 사이에 존재하는 특전적인 관계를 폭넓게 언급한다. 이스라엘의 행복은 하느님께서 선택하신 결과이다. "행복하여라, 주님을 하느님으로 모시는 민족 그분께서 당신 소유로 뽑으신 백성!"(시편 33,12) 사실 이스라엘은 '주님의 유산의 몫'(시편 28,9; 94,14; 106,40 참조), 주님께서 친히 돌보시는 '양떼'(시편 77,21; 78,52 참조)가 되었다. 시편은 하느님께 속한 백성임을 자각하는 신앙 고백으로 온통 뒤덮여 있다. "너희는 알아라, 주님께서 하느님이심을. 그분께서 우리를 만드셨으니 우리는 그분의 것, 그분의 백성, 그분 목장의 양떼이어라."(시편 100,3) "그분은 우리의 하느님 우리는 그분 목장의 백성 그분 손수 이끄시는 양떼로세."(시편 95,7)

시편에서는 출애굽 서사시의 주요한 사건들을 확인할 수 있는 내용의 시들이 발견되는데, 무엇보다도 이 시들은 이스라엘을 위한 하느님의 강력하고 경이로운 개입에 관한 서사시다. "당신 백성을 기쁨 속에, 당신께 뽑힌 이들을 환호 속에 이끌어 내셨다."(시편 105,43) "사막에서 당신 백성을 인도하신 분을. 주님의 자애는 영원하시다."(시편 136,16) 그러나 시편 저자들은 출애급의 가장 위대한 사건을 체험한 이스라엘이 자주 반역하여 '목덜미가 뻣뻣한 백성'이 됨으로써 오히려 호된 시련의 국면을 맞게 되었다는 점도 강조한다. "그러나 내 백성은 말을 듣지 않았고 이스라엘은 나를 따르려 하지 않았다."(시편 81,12) "사십 년 동안 그 세대에 진저리가 나서 나는 말하였노라. '마음이 빗나간 백성이다. 그들은 내 길을 깨닫지 못하였다.'"(시편 95,10) 많은 곳에서 시편은 하느님께서 실제로 당신 백성과 소송 중이시라고 진술한다. "그분께서 당신 백성을 심판하시려, 저 위 하늘과 땅을 부르시네."(시편 50,4; 72,2; 135,14 참조)

이스라엘의 특별한 소명은, 그들을 다른 민족들에게서 고립시키는 것이 아니라, 오히려 이스라엘을 그 민족들에게 보낼 증인으로 삼는 것이다. 그래서 이스라엘은 모든 민족들이 주님을 찬양하고 영광을 기리기 위하여 그분께 모여들 날을 기다린다. "모든 민족들아, 손뼉을 쳐라. 기뻐 소리치며 하느님께 환호하여라."(시편 47,2) "백성들아, 우리 하느님을 찬미하여라. 그분을 찬양하는 소리 울려 퍼지게 하여라."(시편 66,8) "하느님, 민족들이 당신을 찬송하게 하소서. 민족들이 모두 당신을 찬송하게 하소서."(시편 67,4.6)

진정한 의미의 시편: '우리 아버지(주님의 기도)'

예수님께서는 시편을 기도하셨고 시편의 신학과 영성에서 깊은 영향을 받으셨다. 복음에서 발견되는 상당히 많은 부분의 시편 인용이 예수님에 의해서 이루어지고 있고, 그것들 가운데 대부분은 그분의 생애에 있어서 가장 중요한 죽음과 부활 순간에 나타난다는 사실이 눈에 띈다.[13] 시편에서 예수님께서는 고통에서부터 부르짖는 가련하고 의로운 צַדִּיק(찻딕) 사람을 자신과 동일시하시면서, 죽음을 극복한 생명의 승리를 위한 당신의 싸움처럼 고통 받는 인류의 모든 부르짖음을 맡아 지신다.

시편은 '우리 아버지(주님의 기도)'라는 인용을 분명하게 하지는 않는다. 그러나 주님의 기도에서 형제적 화해를 지시하는 부분을 제외하고는 시편의 모든 절, 모든 단어가 이것을 향하고 있다. 시편 145편만 보더라도 '주님의 기도' 안에서 발견되는 요소들을 많이 찾을 수 있다.

이름의 거룩함

"영영세세 당신 이름을 찬미합니다."(시편 145,1-2.21 참조)

왕국의 도래

"당신의 나라는 영원무궁한 나라."(시편 145,13)

13 M.Gourgues, 〈*Les psaumes et Jésus—Jésus et psaumes*〉, (Paris: Cerf, 1978) 62쪽 참조.

일용할 양식의 하사

"모든 눈이 당신께 바라고,

당신께서는 그들에게 먹을 것을 제때에 주십니다.

당신의 손을 벌리시어,

모든 생물을 호의로 배불리십니다."(시편 145,15-16)

유혹에서의 도움

"주님께서는 넘어지는 이는 누구나 붙드시고

꺾인 이는 누구나 일으켜 세우신다."(시편 145,14)

'우리 아버지(주님의 기도)'의 하느님은 시편집에서 발견되는 하느님, 곧 용서를 베푸시고 악에서 구하시는 무한히 위대하시고 가까이 계신 하느님, 거룩하시고 임금이신 하느님이시다.

'주님의 기도'는 두 가지 부르짖음으로 나누어진 시편의 모든 기도를 요약한다(마지막 부분인 '시편 기도에 대한 일곱 가지 제안' 참조). 곧 찬미의 기도인 "당신의 이름이 거룩히 빛나소서."와 도움을 호소하면서 모든 부르짖음을 함축하고 있는 "저희를 악에서 구하소서!"(청원기도)이다.

또한 '주님의 기도'는 인간의 행복(시편 1편)과 하느님의 영광(시편 150편)인 시편집의 두 역할을 하나로 규합한다. '우리 아버지'는 순서가 뒤바뀌었지만 참으로 하느님의 영광으로 시작하여, 인간적 행복으로 이끄는 것으로 마감한다. 그러나 모든 것이 "하늘에서와 같이 땅에서"

성취될 것이기 때문에 이 두 역할은 결코 분리되는 영역이 아니다.

'우리 아버지(주님의 기도)'에는 두 가지 영역의 독창성이 주요하게 자리 잡고 있다. 우선 그리스도인들이 자신들의 하느님을 아버지로 부를 때 갖게 되는 자녀로서의 절대적인 확신에 관한 것이다. 이 사실은 구약성경 안에서 단지 우연하게 나타나는 이 표현이 여기서는 하느님을 부르는 기준과 통상적인 방법이 된다는 점을 의미하는 것이다. 여기서 '야훼'라는 이름이 '아버지'로 대체되어 진정한 의미에서 하느님의 이름이 된다. 또 다음으로 새로운 요소는 형제적 영역에 관한 것이다. 그런데 형제들을 용서하려는 의지를 표현하는 시편을 찾는 사람은 헛수고를 하게 될 것이다. 시편은 종종 우리가 하느님으로부터 희망하는 용서에 대하여 언급하지만, 형제들에게 베풀어야 할 용서에 대해서는 결코 말하지 않는다. 이 점에서 '우리 아버지(주님의 기도)'는 근본적으로 새로운 것을 소개하는 것이다.

법(법률)

토라תּוֹרָה

구약성경 전체	220번
시편	36번
신명	22번
느헤	21번
다른 형태	51번

1. 단어의 뿌리

종종 '율법'으로 번역되는 히브리말 단어 '토라תּוֹרָה(가르침, 교훈)'는 어근 '야라יָרָה(던지다)'에서 파생된 것으로 간주되는데, 이 단어에 대한 어원학적 설명은 두 가지로 집약된다. 첫 번째 주장에 따르면, 우선 이 동사는 '손가락으로 가리키다', '방향을 지시하다'를 뜻한다. 이 의미로 이해할 경우, '토라תּוֹרָה'는 일차적으로 살아가는 데 필요한 실용적인 지침, 행동의 방향을 말한다. 두 번째 주장에서는 이 동사를 신탁 또는 '지시(훈계)'를 얻기 위하여 '주사위를 던지다'라는 의미에서 '던지다, 쏘다'의 의미로 해석한다. 여기서부터 이 동사는 '훈계하다, 가르치다'의 의미를 갖게 되었다(탈출 4,12.15; 2열왕 12,3; 시편 119,102 참조).

2. 성경 속 쓰임

시편집에서 이 단어는 두 가지 두드러진 형태로 사용되는데, 첫째로, 이 '토라תּוֹרָה'는 늘 하느님과의 관계 안에서 언급된다는 점에서 항상 의인화되었다. 곧 늘 "주님의 법 … 당신의 법 … 그의 법 … 그의 하느님의 법"에 대하여 말하는 것이다. 둘째로, 이 단어는 구약성경 전체에서 가장 많이 발견되는 시편에서 모두 36번 등장하는데, 그 가운데서 25번은 시편 119편에서 집중적으로 사용되었다는 점이다.

이 단어에 담긴 첫 번째 어원학적 의미를 수용한다면, 이 단어가 자주 '방향, 길, 도로 위에 걸음'의 뜻과 연결되어 있다는 점이 놀랍지 않을 것이다. "자기 하느님의 가르침이 그의 마음에 있어, 그 걸음이 흔들리지 않는다."(시편 37,31) "그들은 그분의 가르침에 따라 걷기를 마다하였다."(시편 78,10) "그의 자손들이 내 가르침을 저버리거나 내 법규를 따라 걷지 않는다면"(시편 89,31) "행복하여라, 그 길이 온전한 이들 주님의 가르침을 따라 걷는 이들!"(시편 119,1) "당신의 가르침에서 벗어나지 않았습니다."(시편 119,51) 여기서 묘사된 것은 지켜야 할 규범들이 아니라, 따라 가야 할 삶의 길, 살아가야 할 삶의 방향이다. 오히려 이것은 특별한 삶의 선택을 암시한다.

위에서 제안한 둘째 어원학적 뉘앙스도 시편 저자들에게서 명백하게 발견되는데, 여기서 '토라תּוֹרָה'는 '계시'를 뜻한다. 시편 119편에서 '말씀'에 대한 언급이 '토라תּוֹרָה'와 교대로 적어도 20번 발견된다. 사람은 '말씀을 마음에 간직'하듯이 '토라를 간직'한다. 토라의 첫째 역할은 길을 밝혀 주는 것, 방향을 제시하는 것이다. "주님, 행복합니다. … 당신 법으로 가르치시는 사람!"(시편 94,12) "당신 법령의 길을 저에게 가르치소서."(시편 119,33)

율법에 대하여 말할 때, 흔히 삶과 동떨어진 무미건조한 법 텍스트, 추상적인 법전을 생각하기 쉽다. 그러나 시편 저자들에게는 그렇지 않았다. 그들에게 있어서 율법은 곧바로 삶에 적용되어 만족을 주는 것으로, 기쁨의 원천으로 칭송되었다. "주님의 가르침은 완전하여 생기를 돋게 하고."(시편 19,8) 각 단段마다 '율법'의 동의어(길, 법령, 계명, 뜻, 약속 등)가 많이 나타나는 긴 시편 119편은 율법을 지킴으로써 얻는 기쁨을 특별히 강조한다. "저는 당신의 가르침으로 기꺼워합니다."(시편 119,70; 77.92.174 참조) 행복의 장애물로 여겨지는 것과는 달리, 율법은 갈망의 대상이고 모든 사람의 마음속에 사랑스럽게 살아남아 있다. "저의 하느님, 저는 당신의 뜻을 즐겨 이룹니다. 제 가슴속에는 당신의 가르침이 새겨져 있습니다."(시편 40,9)

부르다(~에게 부르짖다)

카라קָרָא

구약성경 전체	730번
창세	105번
이사	62번
시편	56번
다른 형태	29번

1. 단어의 뿌리

동사 '카라קָרָא'는 근본적으로 '부르다'를 뜻하지만 '소집하다, 초대하다, 이름을 부여하다, 기원하다, 부르짖다' 등 이 동사가 함축할 수 있는 모든 의미의 뉘앙스를 지니고 있다. 그런데 시편에서는 마지막의 '~에게 부르짖다'라는 의미가 두드러진다. 구약성경에서 이 동사가 '하느님께 부르짖는다'라는 의미로 사용된 경우가 90번 정도 되며, 그 가운데서 반 이상이(47번) 시편에서 발견된다.

2. 성경 속 쓰임

시편 기도는 절망(시편 4,2; 50,15; 86,7; 102,3; 120,1 참조), 고뇌(시편 18,7; 34,7; 118,5 참조), 낙담(시편 61,3 참조), 수모(시편 31,18 참조), 박해(시편 3,5; 17,6; 18,4;

56,10 참조), 죽음으로 이끌 수 있는 고통의 상황(시편 30,9; 88,10 참조)에 처한 사람의 마음에 일어나는 다양한 부르짖음에 많은 부분을 할애한다.

이 동사의 용도를 살펴보면, 두 사람이 나누는 대화의 성격을 지닌 시편 기도의 특성을 분명히 강조한다. 이 동사와 함께 20번 정도 '응답' 또는 '경청'과 관련된 동사가 짝지어 나타난다. "내가 큰 소리로 주님께 부르짖으면 당신의 거룩한 산에서 응답해 주시네."(시편 3,5) "제 의로움을 지켜 주시는 하느님 제가 부르짖을 때 응답해 주소서."(시편 4,2) "내가 부르짖으면 주님께서는 들어 주신다."(시편 4,4) "하느님, 당신께서 제게 응답해 주시겠기에 제가 당신께 부르짖습니다. 당신의 귀를 기울이시어 제 말씀을 들어 주소서."(시편 17,6) 믿는 이들의 입에서 일어나는 헤아릴 수 없는 부르짖음이 얼마나 크고 비통한지 상관없이 그들은 결코 낙담하지 않는다. 사실 그들이 자기들의 부르짖음이 경청되리라는 확신을 갖지 않았다면 그렇게 크게 부르짖지 않았을 것이다. "가련한 이가 부르짖자 주님께서 들으시어."(시편 34,7)

그러나 가끔 희망이 쓰라린 시련을 당하고 지속적인 부르짖음에 응답이 없을 때가 있다. "저의 하느님, 온종일 외치건만 당신께서 응답하지 않으시니 저는 밤에도 잠자코 있을 수 없습니다."(시편 22,3) "소리 지르느라 지치고 저의 목도 쉬었습니다. 저의 하느님을 고대하느라 제 두 눈마저 흐려졌습니다."(시편 69,4) 신앙의 어두운 밤은 의심으로 가득 차지만, 그러나 영원히 지속되지는 않는다. 시편 22편과 69편은 명확하게 감사의 행위로 끝을 맺는데, 캄캄한 밤과 무거운 침묵의 끝에, 하느님께서 드디어 응답하셨기 때문이다!

부르짖음은 그 자체로 충분하게 하느님의 주의를 이끌 수 있다. 그러나 이것이 결실을 맺기 위해서는 믿는 이들의 삶이 이를 뒷받침해 주어야 한다. "만일 내 마음속에 죄악이 들어 있었다면 주님께서 들어 주지 않으셨으리라."(시편 66,18) "주님께서는 당신을 부르는 모든 이에게, 당신을 진실하게 부르는 모든 이에게 가까이 계시다. 그분은 당신을 경외하는 모든 이의 뜻을 채우신다. 그들의 애원을 들으시고 구해 주신다."(시편 145,18-19) 시련을 당할 때에도, 하느님을 신뢰하는 사람은 항상 그분 앞에서 자신의 방식대로 품위를 지키며, 탄원의 부르짖음은 찬미로 바뀐다. "그분께 내가 입을 열어 부르짖었지만 내 입술 밑에는 이미 찬미 노래가 있었네."(시편 66,17)

좀 드물게 시편은 하느님의 부르짖으심 또는 부르심(소환)을 환기시키는데, 이것은 창조주의 부르심이며, 창조된 세상에 미치는 하느님의 권능의 영역으로 설명된다. "별들의 수를 정하시고 낱낱이 그 이름을 지어 주신다."(시편 147,4) 그러나 이스라엘에게는 이 소환이 보다 무서운 일이 되기도 한다. 하느님은 당신 백성을 심판하시는 법정의 증인으로 온 땅을 소집하시는 것이다. "하느님, 주 하느님께서 말씀하시며 해 뜨는 데서 해 지는 데까지…. 그분께서 당신 백성을 심판하시려 저 위 하늘과 땅을 부르시네."(시편 50,1.4)

사랑(자애 · 한결같은 사랑)

헤셋חֶסֶד

구약성경 전체	245번
시편	127번
2사무	12번
잠언	10번
다른 형태	3번

1. 단어의 뿌리

어원학적으로 이 '헤셋חֶסֶד' 단어는 의미가 명확하지 않으며, 다른 고대 셈족어 안에서도 잘 알려지지 않았다. 이 어근과 관련된 동사도 성경에서 오직 3번만 발견되며(2사무 22,26; 시편 18,26; 잠언 25,10 참조), '성실한'을 뜻하는 형용사 '하싯חָסִיד'은 32번 나타나는데, 그 가운데 25번은 시편에 등장한다. 《칠십인역》이나 《불가타》와 같은 고대 번역본은 '헤셋חֶסֶד'을 일반적으로 '자비'라는 뜻으로 옮긴다[그리스말 '엘레오스(ἔλεός)'와 라틴말 '미세리코르디아misericordia'가 '자비'로 번역된다].

그러나 최근 연구는 이 어휘에 대한 이해를 보다 정확하게 하였는데, '헤셋חֶסֶד'은 계약과 계약에서 비롯되는 당사자들의 관계와 관련된 전형적인 용어로서, 이 당사자들의 상호 관계를 정의하고 그 성격을 규정짓는다는 것이다. 그러므로 '헤셋חֶסֶד'은 근본적으로 계약에 대한 충성과 성실을 강조한다. 그러나 현대 번역본에서 볼 수 있는 것처럼, 이 낱말은 사랑(전례적인 번역), 은총, 선, 자애, 성실함 등 여러 가지 다양한 뜻을 가지고 있다. 이 번역들은 어떤 행동을 하도록 부추기는 '헤셋חֶסֶד'의 내면적 성향, 곧 감정적인 관점을 강조한다. 그러나 '헤셋חֶסֶד' 개념이 지닌 구체적인 의미를 잃지 않도록 해야 한다. 그 의미란 성실함을 보이는 사람과 그 성실함을 받아들일 수 있는 사람 사이의 연대성에서 파생되는 계약에 대해 성실한 행동을 취하는 것을 뜻한다(창세 24,12.14; 2사무 2,6; 9,7; 15,20; 시편 18,51 참조).

2. 성경 속 쓰임

시편은 인간적인 '헤셋חֶסֶד'에 대해서는 좀 드물게 언급하는데(시편 109,12.16; 141,5 참조), 이 예외적인 경우를 제외한다면, 시편은 하느님의 '헤셋חֶסֶד'을 열성적으로 찬양한다. 잘 알려진 후렴구 "그분의 자애는 영원하시다."(시편 106,1; 118,1-4; 136,1-26 참조)는 하느님의 '헤셋חֶסֶד'이 계약의 하느님의 첫 번째 특성임을 강조하고, 모세를 통해 드러난 계시의 주요한 요소 가운데 하나인(탈출 34,6 참조) "자비로우시고 너그러우시며, 분노에 더디시고 한결같은 사랑과 진실이 충만하신"(시편 86,15; 103,8; 145,8 참조) 하느님이심을 재현한다. 이처럼 인간관계 안에서 기대되는 '헤셋חֶסֶד'과는 비교가 되지 않을 정도로 하느님 안에서의 '헤셋'은 풍요롭고 풍부하게 발견된다. 시편 저자들의 하느님은 어느 때, 어느 상황에서든 신뢰할 수 있는 분, 근원적으로 성실하신 하느님이시다.

그밖에 두 가지 다른 특성, 곧 자비(또는 자애)와 진실이 하느님의 '헤셋חֶסֶד'이 지닌 의미를 완성한다. 시편에서 첫째 특성인 '자비'는 하느님과 연결되어 8번 나타난다. "기억하소서, 주님, 먼 옛날부터 베풀어 오신 당신의 자비와 당신의 자애를."(시편 25,6) "하느님, 당신의 한결같은 사랑(자애)에 따라 저를 불쌍히 여기소서. 당신의 크신 자비에 따라 저의 죄악을 지워주소서."(시편 51,3; 40,12; 69,17; 86,15; 103,4.8; 145,8 참조) 둘째 특성인 '진실'은 더 자주 하느님과 연결되어 15번 나타난다. "주님의 길은 모두 사랑(자애)과 진실이라네."(시편 25,10; 26,3; 40,11-12 참조)

성경 어느 곳에서든 이 단어가 사용된 모든 곳에서 발견되는 이 상호의존성의 관념은 '헤셋חֶסֶד'의 출처 또는 수혜자를 지칭할 수 있는 개념인 파생된 형용사 '하싯חָסִיד'의 사용에서도 명백하게 나타난다. 성실한 사람은 하느님께 성실하려고 애쓰는 바로 그 사람이지만, 그는 이미 자신을 향한 하느님의 성실함을 체험한 사람이다. 그러나 "저의 자애로우신 하느님"(시편 59,18)이라는 표현은 애매하며, 아마도 의도적인 것 같다. 그것은 성실한 사람의 실존에 모든 의미를 부여하는, 성실한 사람을 향한 하느님의 사랑처럼, 성실한 사람이 하느님께 품고 있는 사랑을 의미할 수 있다.

살(몸)

바살 בָּשָׂר

구약성경 전체	270번
레위	61번
창세	33번
욥기	18번
시편	16번

1. 단어의 뿌리

다른 셈족어 안에서도 이 단어는 '살' 또는 '몸'이라는 의미로 나타난다. 이러한 의미로 이 단어의 뜻이 거의 모든 구약성경 안에서 발견되지만, 시편에서는 그렇게 자주 사용되지는 않았다. 서방 그리스도교 전통에서 '몸'과 '살'은 구약 성서적 관점으로는 전혀 나타나지 않고, 오히려 그와는 다른 그리스적인 의미를 갖는다('혼' 낱말을 참조하라).

2. 성경 속 쓰임

시편의 기도 안에는 육체적인 영역이 있다. 감정을 따르는 육체적인 움직임은 시편 기도의 한 부분이며, 따라서 육체적인 현실을 저버리고 영적인 세상으로 도주하려는 경향은 결코 나타나지 않는다. "당신의 노여움으로 제 살은 성한 데 없고."(시편 38,4) "하느님, 당신은 저의 하느님, 저는 당신을 찾습니다. 제 영혼이 당신을 목말라합니다. 물기 없이 마르고 메마른 땅에서 이 몸이 당신을 애타게 그립니다."(시편 63,2) "탄식 소리로 제 뼈가 살가죽에 붙었습니다."(시편 102,6) "당신이 무서워 제 살이 떨리며."(시편 119,120)

시편 저자들은 사람을 언급할 때 '살'이라는 용어를 사용하는데(시편 65,3; 136,25 참조), 하느님과 우리를 구별하기 위해서도 이 용어를 사용한다. 하느님은 '네페스נֶפֶשׁ'와 '루아흐רוּחַ'를 지니신 분, '바살בָּשָׂר'을 가지신 분이 아니시다. 우리는 요한 복음의 서언에 가서야 비로소 믿을 수 없을 정도의 기쁜 소식을 듣게 되는데, 그것은 말씀(하느님)이 '살בָּשָׂר(바살)'이 되셨다는 사실이다(요한 1,14 참조).[14] 그러나 예수님의 강생으로 이 육화의 신비가 성취될 때까지, 성경은 인간을 하느님으로부터 분리하여 '영'이신 하느님과 '살'인 인간 존재 사이에 놓인 극복할 수 없는 근본적인 차이를 상기시켜 왔다. 살덩이를 지닌 사람은 깨지고 상처를 입기 쉬운 존재다. 다행히도 이러한 차이는 우리가 우리의 입장에서 자신을 변론하도록 고려되었다. 하느님은 우리가 '살덩어리'임을 기억하시고 서둘러 용서하시기 때문이다. "그분께서는 자비하시어 죄를 용서하시고 그들을 멸망시키지 않으셨다. … 그들이 한낱 살덩어리임을, 가면 돌아오지 못하는 바람임을 기억하셨다."(시편 78,38-39)

14 "말씀이 사람이 되시어 우리 가운데 사셨다."(요한 1,14)

그러면 하느님과 우리 사이의 차이를 이렇게 정확하게 구분하는 이 '살' 또는 '몸'의 개념은 무엇인가? 성경이 '바살בָּשָׂר'에 대하여 말할 때에 그 의미는 단순히 인간의 유한성, 허약함, 약점을 지칭한다. 시편 저자들이 '살'에 대하여 말할 때, 그들은 예를 들어, 성적 취향에 대해 부정적이거나 의심스러운 판단을 내리지 않는다. 그들은 단순하게 우리가 유한하다는 사실을 알고 있다. 이것이 바로 우리가 체념하지 않으면서 기쁘게 받아들여야 할 사실이요, 현실이다. 우리의 모든 한계와 함께, 남자건 여자건 우리 모두는 주님의 영광을 노래하도록 함께 불림을 받았다. "모든 육신은 그 거룩하신 이름을 찬미하리라, 영영세세."(시편 145,21)

그 의미는 분명하다. '살'은 외적이고 이차적인 어떤 것과 같은, 우리를 뒤집어쓰고 있는 어떤 것이 아니다. 성서적 견해로 '영혼'은 (플라톤이 생각하는 것처럼) 육체의 감옥이 아니다. 육체, 살덩어리는 바로 우리다. 예를 들어, 육체와 영혼, 물질과 정신을 반대되는 것으로 구별하려는 경향이 있는지 여부에 따라서, 성경의 인간학과 그리스의 인간학 사이에 가장 커다란 차이점이 발견된다. 시편 저자들의 사고 속에서, 우리는 전체가 연결되어 분리될 수 없는 모두 통합된 하나의 존재를 구성하고 있음을 깨닫게 된다. "주님의 앞뜰을 그리워하며 이 몸은 여위어 갑니다. 살아 계신 하느님을 향하여 제 마음과 제 몸이 환성을 지릅니다."(시편 84,3)

살다

하야חָיָה

구약성경 전체	777번
창세	125번
에제	107번
시편	81번

1. 단어의 뿌리

이 어근에서는 주요한 네 가지 형태가 발견되는데, 동사 '하야חָיָה(살다, 284번)', 형용사 '하이חַי(살아 있는, 236번)', 여성명사 단수 형태인 '하이야חַיָּה(살아 있는 존재, 97번)', 남성명사 복수 형태인 '하이임חַיִּים(생명, 148번)'이다. 구약성경에서 생명의 개념은 우선 육체적인 의미로 이해되지만, 개인의 행복과 삶의 질을 향상시키는 모든 것에 대한 매우 뚜렷한 민감성을 반영한다. 또한 생명은 계명과 하느님의 말씀을 충실히 지키는 것에 대한 목적과 보상으로도 소개된다.

2. 성경 속 쓰임

시편집 전체는 생명에 대한 깊고 설득력 있는 애정으로 가득 차 있다. "생명을 갈망하고 좋은 것 보려고 장수를 바라는 이는 누구인가?"(시편 34,13) 생명은 최상의 축복이며, 심도 있게 가장 열망하고 높이 평가하는 선물이다. "그가 당신께 생명을 빌었더니 영영세세 긴긴날을 그에게 베푸셨습니다."(시편 21,5)

생명에 관한 시편 저자들의 관찰에 따르면, 생명은 개인적인 생명이든 백성 전체의 생명이든 인간의 생명만을 뜻하는 것이 아니라, 짐승과 피조물과 살아 있는 모든 존재의 생명도 의미한다. "숨 쉬는 것 모두 주님을 찬양하라. 할렐루야!"(시편 150,6)

그러나 생명에 대한 이러한 깊은 헤아림이 시편 저자들로 하여금 생명의 '비극적인' 특성을 감지하지 못하게 하였음을 뜻하지는 않는다. 생명은 결코 거저 주어지는 것도, 미리 얻을 수 있는 것도 아니라 악, 고통, 번민, 죽음을 거스른 싸움에서 끝없는 투쟁으로 쟁취하는 것이다. "정녕 저의 생명은 근심으로, 저의 세월은 한숨으로 다해 가며."(시편 31,11) "제 영혼은 불행으로 가득 차고 제 목숨은 저승에 다다랐습니다."(시편 88,4) 시편 저자들은 개인적인 체험(생명) 저편에 있는 보편적이고 피할 수 없는 현실에 대해서도 말한다. 생명이 죽음으로 통하고 있다. 후대의 코헬렛처럼, 시편 저자들은 반드시 죽음을 통과해야 하는 생명의 신비를 회상하도록 초대한다. "사람이 사람을 결고 구원할 수 없으며 하느님께 제 몸값을 치를 수도 없다. 그 영혼의 값이 너무나 비싸 언제나 모자라다. 그가 영원히 살기에는 구렁을 아니 보기에는."(시편 49,8-10) 죽음은 최후의 장애물로 남고, 시편 저자들은 자신들을 거기서 구하시도록 하느님께 간청한다.

그러나 온갖 형태의 죽음에 직면하더라도, 그들은 그분께서 자신들을 구하실 것이라고 확신하면서 생명과 살아 있는 모든 것의 하느님께 대한 신뢰를 잃지 않는다. 따라서 최후의 장애물도 정복될 수 있다. "주님, 당신께서 제 목숨을 저승에서 건지시고 저를 구렁에 떨어지지 않게 살리셨습니다."(시편 30,4) "보라, 주님의 눈은 당신을 경외하는 이들에게, 당신 자애를 바라는 이들에게 머무르신다. 그들의 목숨을 죽음에서 구하시고 굶주릴 때 그들을 살리시기 위함이라네."(시편 33,18-19) "당신께서 제 목숨을 죽음에서 건지시어 제 발이 넘어지지 않게 해 주셨으니 하느님 앞에서, 생명의 빛 속에서 걸어가도록 하심입니다."(시편 56,14)

시편의 하느님은 철학자들의 추상적이고 변함이 없는 하느님이 아니라, 살아 계시고 가까이 계신 하느님, 생명의 하느님, 생명을 사랑하시고 생명을 주시는 하느님이시다. "제 영혼이 하느님을, 제 생명의 하느님을 목말라합니다."(시편 42,3) "주님의 앞뜰을 그리워하며 이 몸은 여위어 갑니다. 살아 계신 하느님을 향하여 제 마음과 제 몸이 환성을 지릅니다."(시편 84,3) 시편 119편에서 "저를 살려 주소서."(시편 119,25.37.40.88.107.149.154.156.159 참조)라는 이 부르짖음이 반복해서 일어나면서 이 시편의 중심사상을 이루는데, 이와 같이 살아갈 수 있는 힘과 맛을 찾기 위하여 우리가 향하는 곳도 바로 이 생명의 하느님이다.

숨

루아흐רוּחַ

구약성경 전체	378번
에제	52번
이사	51번
시편	39번
다른 형태	11번

1. 단어의 뿌리

사전에서는 '루아흐רוּחַ'의 어원으로, 서로 연결되어 있으면서도 다른 두 개의 어근, '넓다 또는 쉽다(가볍다)'를 뜻하는 동사 '라와흐רָוַח'(1사무 16,23 참조)[15]와 '숨을 쉬다, 냄새를 맡다(느끼다)'를 의미하는 동사 '리아흐רִיחַ'(시편 115,6 참조)[16]를 제시한다. 주석가들은 두 번째 가설을 더 널리 선호한다. 오직 사역형(구약성경에서 11번 나타난다.)으로만 사용된 동사 형태를 제외하면 명사 형태 '레아흐רֵיחַ(냄새 또는 향기, 구약성경에서 58번)'도 발견된다.

---

15 "하느님께서 보내신 영이 사울에게 내릴 때마다, 다윗은 비파를 손에 들고 탔다. 그러면 악령이 물러가고, 사울은 회복되어 편안해졌다."(1사무 16,23)

16 "귀가 있어도 듣지 못하고 코가 있어도 맡지 못하네."(시편 115,6)

2. 성경 속 쓰임

'얼'을 마음과 지력과 연결해 생각하는 서구식 사고방식과 다르게 성서적 사고방식은 '의지'와 '감정'의 활기찬 기능과 관련이 있다. 앙드레 미르André Myre[17]가 지적한 것처럼, '숨'은 여러 가지로 번역할 수 있으면서도 어떤 막연함을 지니고 있기 때문에 글자 그대로 번역하는 것이 최선일 것이다. '루아흐רוּחַ'는 '바람'의 살랑거림(창세 1,2; 3,8; 탈출 14,21; 시편 1,4; 18,11.43 참조), 짐승의 호흡(창세 7,15; 시편 104,29 참조), 사람의 숨결(판관 15,19; 이사 42,5; 코헬 12,7; 시편 31,6; 146,4 참조), 하느님의 영(이사 30,1; 42,1; 44,3; 에제 36,27; 37,14; 39,29 참조)으로 이해할 수 있다. 시편에서 '루아흐רוּחַ'에 대한 가장 적절한 번역은 '숨'이다. 이 낱말의 우주적이고 인간적인 의미에 적합하기 때문이다('바람'이라는 의미로 15번 사용되었고, 인간의 '생명의 숨결'이란 뜻으로도 자주 사용되었다). 시편 저자들은 먼지(시편 18,43 참조)와 겨(시편 1,4; 83,14 참조)를 일으켜 몰고 오는 바람이나 허리케인이나 폭풍의 사나운 바람(시편 55,9; 107,25; 148,8 참조), 비와 함께 땅에 풍요로움을 선사하는 유익한 바람(시편 135,7 참조)에 대해서도 말한다.

인간의 삶은 숨(바람)이다. "당신께서 그들의 숨을 거두시면 그들은 죽어 먼지로 돌아갑니다. 당신의 숨을 내보내시면 그들은 창조되고…."(시편 104,29-30) 꼭 필요하면서도 동시에 덧없이 가냘픈 생명의 숨결은 얼마나 소중한가! "그들이 한낱 살덩어리임을, 가면 돌아오지 못

17 André Myre, Un souffle subversif, Montréal, Bellarmin, 1988, 160쪽.

하는 바람임을 기억하셨다."(시편 78,39) 계획을 세우고 결정을 내리는 것도 바로 '루아흐רוּחַ'에서다. "행복하여라, … 그 얼에 거짓이 없는 사람!"(시편 32,2) 용기와 활력이 공급되고, 반대로 잃어버리는 곳도 바로 얼의 영역에서다. "굳건한 영을 제 안에 새롭게 하소서. … 순종의 영으로 저를 받쳐 주소서."(시편 51,12.14) "주님께서는 마음이 부서진 이들에게 가까이 계시고, 넋이 짓밟힌 이들을 구원해 주신다."(시편 34,19) "제 얼이 아뜩해질 때 당신께서는 저의 행로를 아십니다."(시편 142,4) "제 얼이 속에서 아뜩해지고 제 마음이 안에서 얼어붙습니다."(시편 143,4) '자기 얼(목숨)을 하느님께 맡기는 것'은 지적인 동의보다 훨씬 더한 것이다. 이것은 자신의 삶 전체를 하느님의 손에 온전히 맡기는 것 이상을 뜻한다. "제 목숨을 당신 손에 맡기니."(시편 31,6; 루카 23,46 참조)

창세기의 시작 부분에[18] 영향을 받아, 시편 저자들은 하느님의 영 안에서 모든 피조물에게 생명을 주는 힘을 본다. "주님의 말씀으로 하늘이, 그분의 입김으로 그 모든 군대가 만들어졌네."(시편 33,6) "당신 바람을 불게 하시니 물이 흐른다."(시편 147,18) 바로 그 하느님 안에서 '영'은 '거룩함'의 신비며["당신의 거룩한 영을 제게서 거두지 마소서."(시편 51,13)], '선함'의 신비다["당신의 뜻 따르도록 저를 가르치소서. 당신의 선하신 영이 저를 바른길로 인도하게 하소서."(시편 143,10)].

---

18 "땅은 아직 꼴을 갖추지 못하고 비어 있었는데, 어둠이 심연을 덮고 하느님의 영이 그 물 위를 감돌고 있었다."(창세 1,2)

시온

치온צִיּוֹן

구약성경 전체	154번
이사	47번
시편	38번
예레	17번

1. 단어의 뿌리

'시온צִיּוֹן'(치온)은 여부스인들이 자신들의 요새를 구축한 예루살렘에 있는 언덕의 옛 이름이다. 이것은 예루살렘의 동쪽 키드론 골짜기와 서쪽으로 티로페온 골짜기 사이에 위치하고 있다. 다윗은 이것을 무력으로 점령하여(2사무 5,7 참조), '다윗의 도성'으로 세우고 시온 언덕의 남쪽을 발전시켰다. '시온'이라는 이름이 예루살렘 도성과 주민 전체를 회상케 한다 하더라도, 이 이름이 유다 왕국의 정치적 수도를 지칭하여 사용된 경우는 드물다. '시온'은 성전과 연결되어 보다 많이 나타나는데(사실 시온은 다윗이 제단을 세우고 솔로몬이 성전을 건축한 '성전이 있는 산'을 지칭한다), 바로 이 이유 때문에 시온은 진정한 의미에서의 '하느님께서 머무시는 곳'과 앞으로 도래할 '하느님의 도성'의 상징으로 나타난다.

2. 성경 속 쓰임

'시온 산'(시편 2,6; 48,3.12; 74,2; 78,68; 125,1; 133,3 참조)은 시편 저자들의 마음에 특별히 사랑스럽고 소중하였다. 그들에게 있어서 시온 산은 무엇보다도 우선 백성들이 전쟁과 적군의 침공을 받았을 때, 늘 피신처로 삼을 수 있는 난공불락의 견고한 요새와 같았다. "너희는 시온을 두루 돌며 그 탑들을 세어 보아라. 장차 올 세대에게 일러 줄 수 있도록 그 성루를 살피고 그 궁궐들을 돌아다녀 보아라."(시편 48,13-14)

그뿐 아니라, 하느님께서 당신의 처소로 삼으시려고 시온을 선택하셨다. "당신께서 사랑하시는 시온 산을 뽑으셨다."(시편 78,68) "정녕 주님께서는 시온을 선택하시고 당신 처소로 원하셨네. '이는 길이길이 내 안식처 내가 이를 원하였으니 나 여기에서 지내리라.'"(시편 132,13-14) 시편 저자들에게 시온은 정치적인 관점에서가 아니라, 거룩한 것과 관련을 맺고 있기에 특히 중요했다. 시온은 '거룩한 산'이고, '성소'이다. "나의 거룩한 산 시온 위에, 내가 나의 임금을 세웠노라."(시편 2,6; 20,3 참조) 주님을 믿는 이들이 자신들의 갈망의 대상인 거룩한 현존을 찾을 곳도 시온이고, 순례의 목적지도 시온이다. "너희는 시온에 좌정하신 주님께 찬미노래 불러라."(시편 9,12; 76,3; 135,21 참조) 그들이 "복과 영원한 생명"(시편 133,3 참조)을 찾을 수 있는 곳도 시온이다.

시편 저자들이 우리에게 준 시온에 대한 이미지는 시온으로 다시 돌아가겠다는 희망과 동경에 의한 것인데, 이것은 유배라는 비극적이고 참담하고 불행한 현실 한가운데서도 이를 극복하려고 안간힘을 다한 이들에게서 깊은 영향을 받았다. 우리는 온통 노스탤지어로 가득 찬 시편 137편의 후렴구를 잘 알고 있다. "바빌론강 기슭 거기에 앉아 시온을 생각하며 우네."(시편 137,1) 오랫동안 불가능한 "꿈"처럼 간직해 온(시편 126,1 참조)[19] 시온으로 돌아가는 것만이 '웃음'과 '기쁨의 환호'를 되찾게 할 것이다. "하느님께서 당신 백성의 운명을 되돌리실 때 야곱이 기뻐하고 이스라엘이 즐거워하리라."(시편 53,7)

마지막으로 시온의 역할은 국가적인 상징의 역할로 끝나지 않는다. 시편 저자들은 시온을 또한 인간성의 영성적인 으뜸, 곧 인류의 영적 수도로도 노래한다. "사람들은 시온을 '나의 어머니!'라고 말한다. 모든 사람이 이곳에서 태어났기 때문이다."(시편 87,5: 《칠십인역》 참조) 백성들과 민족들이 시간의 종말에 한 목소리로 하느님을 환호하기 위하여 그곳으로 모여들 것이다. "하느님의 도성아 너를 두고 영광스러운 일들이 일컬어지는구나. 나는 라합과 바빌론도 나를 아는 자들로 셈한다. … 노래하는 이들도 춤추는 이들도 말하는구나. '나의 모든 샘이 네 안에 있네.'"(시편 87,3-4.7)

19 "주님께서 시온의 운명을 되돌리실 제 우리는 마치 꿈꾸는 이들 같았네."(시편 126,1)

시편

미즈모르מִזְמוֹר

구약성경 전체	57번
시편	57번
다른 형태	55번

1. 단어의 뿌리

어근 '자마르זָמַר'에서 파생된 이 단어는 시편집에서만 발견된다. 시편의 전형적인 언어인 동사 '짐메르זִמֵּר'(구약성경에서 45번 나타나는 가운데 41번이 시편에서 발견된다.)는 '곡을 연주하다, 악기를 연주하다' 또는 '노래하다'를 뜻한다. 그러므로 종교적인 시와 기도로서 '시편'은 무엇보다도 우선 노래로 부르거나 악기를 반주하여 부르게 된다.

2. 성경 속 쓰임

'미즈모르מִזְמוֹר' 단어는 항상 시편 첫머리에 제목으로 나타난다(시편 3; 4; 5; 6; 8; 9; 12; 13 … 참조). 나타나는 빈도 면에서 이것 다음으로 '노래'를 뜻하는 '쉬르שִׁיר'가 30편의 시편 서두에서 나타나는데, 가끔은 같은 절 안에서도 이 두 단어가 발견된다(시편 30,1; 48,1; 65,1; 66,1; 67,1; 68,1 … 참조). 그런데 시편집의 절반 이상(150편 가운데 87편의 시편)이 음악과 노래로 무엇을 하라는 제목을 가지고 있다. 여기에, 시편 자체 안에 있는 음악과 관련된 모든 언급과 마찬가지로 제목에 게재된 많은 음악 부호(음악 도구와 멜로디들)를 첨가한다면, 본래 시편집은 적어도 '음악적인 맥락' 안에서 발전했다는 결론을 내려야 한다.

이스라엘의 시편들은 노래하도록 의도되었다. 예를 들어, 생기를 불어넣어 주어 활기차게 하는 시편 47편을 즐겁고 열정적인 리듬에 심취되지 않고서 어떻게 읊을 수 있겠는가! "모든 민족들아, 손뼉을 쳐라. 기뻐 소리치며 하느님께 환호하여라. … 하느님께서 환호 소리와 함께 오르신다. 주님께서 나팔 소리와 함께 오르신다. 노래하여라, 하느님께 노래하여라. 노래하여라, 우리 임금님께 노래하여라. 하느님께서 온 누리의 임금이시니 찬미가를 불러라."(시편 47,2.6-8) 음악과 열정적인 환호 없었다면 시편 47편은 세상의 빛을 보지 못했을 것이다.

오늘날 시편을 사용할 때 직면하게 되는 커다란 문제 가운데 하나는 음악적 영역을 모르거나 중요하게 생각하지 않고 포기한다는 점이다. 우리는 종종 음악 반주 없이 시편의 말들을 읊기만 할 뿐 진정으로 노래하지 않는다. 우리는 "너희는 노래하여라!"라는 말을 읊지만, 노래하지 않으면서 모든 것을 한다. 우리는 집회나 기도 모임 안에서 "너희는 춤을 추어라!" 하고 읊지만, 이와 관련된 어떤 동작도 하지 않는다. 우리는 "너희는 악기를 연주하여라." 하고 읊지만, 시편 기도를 올릴 때에 요구되는 어떤 악기도 갖추어 있지 않다. 이것이 바로 노래하도록 의도된 시편을 우리가 읽거나 읊을 때 일어나는 현상이다.

우리가 모든 음악적인 수단(도구, 노래, 후렴구, 합창대, 열렬한 환호, 춤 등)을 동원할 때 비로소 기쁨과 축제 안에서, 반대로 슬픔과 한탄 속에서 시편을 태동시킨 체험을 충분히 나눌 수 있을 것이다. "주님께 노래하여라, 새로운 노래를. … 주님께 환성 올려라, 온 세상아. 즐거워하며 환호하여라, 찬미 노래 불러라. 비파와 함께 주님께 찬미 노래 불러라, 비파와 노랫가락과 함께. 나팔과 뿔 나팔 소리와 함께 임금이신 주님 앞에서 환성 올려라."(시편 98,1.4-6)

신뢰(하다)

바타흐בָּטַח

구약성경 전체	182번
시편	52번
이사	26번
예레	23번

1. 단어의 뿌리

《칠십인역》은 '바타흐בָּטַח' 동사를 '피스테우에인πιστεύειν(믿다)'보다는 '엘피제인ἐλπίζειν(희망하다)'으로 옮긴다. 그러나 이 히브리말 낱말은 보다 내면적인 것으로서, 어떤 계시의 내용을 지력과 의지를 통해 객관적으로 응답하는 것보다는 어떤 사람을 신뢰하는 주관적인 의향을 더 강조한다. 이 단어를 '믿음을 갖는 것'과 결부시켜 생각할 때, 히브리말 어휘는 '믿음을 확신하는 것'을 뜻한다. 그런데 놀랍게도 이 단어가 인간들 사이의 신뢰 관계에 적용될 때에는 대부분의 경우 '남의 말을 쉽게 믿음' 또는 '속기 쉬움'이라는 부정적인 의미를 가지지만, 하느님을 신뢰하는 것에 적용될 때에는 모두 긍정적인 의미를 가진다.

2. 성경 속 쓰임

성경의 다른 곳에서처럼, 시편 저자들에게 있어서도 '하느님을 향한 신뢰'가 자주 발견된다. 하느님 외에 다른 것을 신뢰하는 것에 대한 언급은 단 10번만 나타나는데, 이 경우에도 매번 거짓 신뢰임을 폭로하면서 하느님을 신뢰하도록 초대한다. 이따금 친구마저도 적 진영으로 넘어갈 수 있다는 점을 분명하게 밝힌다. "제가 믿어 온 벗마저, 제 빵을 먹던 그마저 발꿈치를 치켜들며 저에게 대듭니다."(시편 41,10) 또한 '강한 사람'의 마지막 파멸을 보고, 언젠가 의인들은 거대한 재산도 아무런 소용이 없음을 깨닫게 될 것이다. "보라, 하느님 안에 제 피신처를 두지 않는 이 사람을! 그는 자기의 큰 재산만을 믿는구나!"(시편 52,9; 49,7 참조) 자신들의 신뢰를 아무런 안전도 보장되지 않는 무기에 두는 사람들과(시편 44,7 참조) 속임수에 두는 사람들도(시편 62,11 참조) 똑같이 될 것이라는 짤막한 결론이 내려진다. "주님께 피신함이 더 낫네, 사람을 믿기보다. 주님께 피신함이 더 낫네, 제후들을 믿기보다."(시편 118,8-9; 146,3 참조)

명사 '베타흐בֶּטַח'는 '안전(평안)'이라는 의미로 세 번 등장한다. "주님, 당신만이 저를 평안히 살게 하시니 저는 평화로이 자리에 누워 잠이 듭니다."(시편 4,9) "제 육신마저 편안히 쉬리이다."(시편 16,9) "안전하게 이끄시니 그들은 무서워하지 않았고."(시편 78,53) 성서적 믿음은 어떤 진리와 교의에 동의하는 것이라기보다는 어떤 인물을 믿고 신뢰한다는 의미에서, 당연히 희망이라고 말할 수 있다. 이러한 주장은 전례 안에서 '믿음'과 '희망'으로 번역되는 명사 '밉타흐מִבְטָח'가 사용된 예를 통하여 입증된다. "행복하여라, 주님께 신뢰를 두며 오만한 자들과 거짓된 변절자들에게 돌아서지 않는 사람!"(시편 40,5) "저희 구원의 하느님, 당신께서는 정의의 놀라운 행적으로 저희에게 응답하십니다. 당신께서는 세상 모든 끝과 머나먼 바다의 희망이십니다."(시편 65,6) '밉타흐מִבְטָח'가 '희망'이라는 의미로 사용된 이 예를 통하여 시편에서 이 단어가 '희망'의 의미를 갖고 있음이 확인된다. 또한 "주 하느님, 당신만이 저의 희망이시고 제 어릴 때부터 저의 신뢰이십니다."(시편 71,5)도 위의 사실을 입증한다. 그러나 시편 65장 6절에서는 '밉타흐מִבְטָח'가 사용된 반면, 시편 71장 5절[20]에서는 이 단어의 대칭으로 정확하게 '희망'을 뜻하는 명사 '티콰תִּקְוָה'가 사용되었다.

신뢰는 사람과 사람 사이에서 일어난다. 또한 '하느님'을 의지하거나 하느님을 '향하는' 것이다. 그러나 이러한 전적인 신뢰에 이르기까지 여러 가지 도움도 받을 수 있는데, 신뢰는 때로는 '우리를 향한 하느님 사랑의 확신'(시편 13,6; 52,10 참조), '그분의 거룩한 이름'(시편 33,21 참조), '그분의 구원'(시편 78,22 참조) 또는 '그분의 말씀'(시편 119,42 참조)에 대한 확신에 근거할 수 있다.

---

20 "주 하느님, 당신만이 저의 희망이시고 제 어릴 때부터 저의 신뢰이십니다."(시편 71,5)

악한

라샤רָשָׁע

구약성경 전체	343번
시편	92번
잠언	87번
욥기	40번

1. 단어의 뿌리

어근 '라샤רָשַׁע'는 능동태에서 '거짓으로 행동하다', 또는 '유죄를 선언하다'를 뜻한다. 성경에서 이 어근의 대부분은 형용사 형태인 '라샤רָשָׁע(악한 또는 경건치 않은)'로 나타나는데, 가끔 형용사 '찻딕צַדִּיק(의로운)'의 반대 개념으로도 사용된다. 시편집 이외의 성경의 다른 부분에서 이 단어는 주로 비교될 수 없는 두 가지 길, 곧 정의의 길과 악의 길을 뚜렷이 부각시키기 위해 죄인들의 악의에 찬 행동들을 묘사하는 것을 두려워하지 않는 지혜 문학 작품에서 발견된다.

2. 성경 속 쓰임

시편의 모든 극적인 사건은 주요한 두 인물들 근처, 곧 의로운 사람과 악한 사람 주변에서 연출되는데, 슈라끼A.Chouraqui는 이 극적인 장면을 다음과 같이 생생하게 묘사한다. "생명과 죽음 사이의 이 결투 안에서 처음부터 끝까지 얼굴을 서로 맞대고 있는 두 배우는 무죄한 사람과 폭도다. 한 쪽은 빛의 길을 거부하고 다른 쪽은 어둠의 길을 거부한다. 한 쪽은 세상의 죄악에 대해 '아니다' 하고 말하고, 다른 한 쪽은 하느님의 영원성을 거절한다. 이 거절들은 비극의 한 가운데에 위치하고 있다. 모순이 되는 두 반대자들 사이의 이러한 투쟁은 그들의 본질적인 자유 때문에 가능한데, 이 투쟁은 엄습하는 공포의 근원이며 기쁨이 사라지게 하는 원인이다."[21]

'악한 사람들'은 누구인가? 반 르벤C.Van Leuwen은 3가지 가능성을 제안한다. ① 적대 관계의 백성들(임금 또는 이스라엘의 원수들) ② 가련한 사람과 약한 사람을 억압하는 힘 있는 자들 ③ 배신한 이전의 친구들.[22]

그런데 동격으로 또는 병행 구조 안에서 사용된 단어들을 통하여 시편의 '악한 사람들'의 본성에 대한 보다 정확한 개념을 얻을 수 있다. 일반적으로, 악한 사람들은 의로운 사람을 함정에 빠뜨리기 위하여 덫을 놓는 '죄인들'(시편 1,1; 104,35 참조), '악을 행하는 자들'이다(시편 28,3; 92,8; 101,8 참조). 그러나 그들은 폭력적인 행동으로 계속 공격을 하는 자들이며, '피에 굶주린 자들'(시편 139,19 참조), 의로운 사람에게 휘두르는

21 A.Chouraqui, Les Psaumes, (Liminaires: Paris, P.U.F., 1979) 86쪽 이하 참조.
22 E.Jenni and C.Westermann, Theologisches Handwörterbuch zum Alten Testament, vol.2 (München: Chr.Kaiser verlag, 1976) cols. 813-818쪽 참조.

‘폭력의 친구(들)’이기도 하다(시편 17,9 참조).

악한 사람의 행동은 그들이 누구인지 그 정확한 신원을 밝히는 데 도움을 준다. 우선 그들은 윤리 규범에 배치되는 행동을 하는 자들이다. 악한 사람들은 정의의 기본적인 요구 가운데 어느 것도 존중하지 않는 자들이다. “악인은 꾸기만 하고 갚지 않으나….”(시편 37,21) 그들은 욕망에 따라 움직인다. “보라, 이들이 바로 악인들! 언제까지나 걱정 없이 재산을 늘려가네.”(시편 73,12) 그들은 입을 벌렸다 하면 거짓 증언을 하고 미움을 심어 준다. “그들이 저를 거슬러 사악한 입과 음험한 입을 벌려 거짓된 혀로 제게 말합니다. 미움의 말로 저를 에워싸고 까닭 없이 저를 공격하며….”(시편 109,2-3) 무엇보다도, 그들은 가련한 사람과 약한 사람의 목숨을 직접 노린다(시편 11,2; 37,14 참조).

그들의 탈선은 여기서 끝이 아니다. 하느님을 향한 태도도 정도를 벗어났다. 시편은 하느님을 찾음에 있어서 그들의 자기만족과 거절을 힐책한다. “가련한 이는 악인의 교만으로 애가 타고 그들이 꾸며 낸 흉계에 빠져듭니다. 악인은 제 탐욕을 뽐내고 강도는 악담하며 주님을 업신여깁니다. 악인이 콧대를 높여 ‘하느님은 벌하지 않는다. 하느님은 없다!’ 하니 이것이 그의 생각 전부입니다.”(시편 10,2-4; 10,13 참조) 이런 의미에서 사악함은 선택의 결과이며 하느님을 믿는 이들조차 믿음을 키워 나가는 것을 거절한다면 사악해질 수 있다(시편 119,155 참조).

과연 시편은 너무 폭력적인가?

가끔 시편의 기도는 원수에 대한 표현에 있어서 가혹하기 때문에 우리를 놀라게 하고 심지어는 분개하게도 한다. 이러한 폭력적인 언어는 우리의 복음적 가르침과 직접적으로 대치되는 것처럼 보이기에, 이 충돌은 피할 수 없다. 이렇게 폭력이 발발하는 것을 묵인하는 말들과(‘불행을 빌며 저주하는 단락으로 읽히는 시편’ 5,11; 18,35-43; 35,1-8; 109,6-20; 137,7-9 등 참조) ‘반대자들에게’ 회심의 어떤 기회도 허락하지 않는 말들을 어떻게 ‘하느님의 말씀’으로 받아들일 수 있는가?

‘성무일도’에서는 폭력을 회상시키는 모든 절들을 거의 삭제함으로써 이 문제를 실제적으로 단순하게 해결하려고 하였지만, 약간의 드문 예외들이 118편에 남아 있는데, 예를 들면 “온갖 민족들이 나를 에워쌌어도 나는 주님의 이름으로 그들을 무찔렀네.”(시편 118,10)의 경우가 그렇다. 그러나 이러한 절들을 삭제하거나 모르는 체하는 것이 과연 참다운 해결책이 될 수 있을까? 물론 전례의 특성상 불의한 현실을 있는 그대로 바라보기보다는 악인을 교화하려는 의도로, 예배 안에서 세상의 폭력과 불의에 대응하고 해결하려는 시도를 자제하는 경향이 있다. 하지만 이러한 폭력에 관한 내용을 그대로 방치할 경우, 전례 속에서 우리가 다시 폭력과 불의의 문제에 직면하게 될 위험성이 여전히 존재한다. 이러한 실제 적용 문제의 찬반에 대해서는 전례 시편집의 개편 작업이 진행되던 초창기에 발표된 〈*La Vie Spirituelle*〉에 소개된 우수한 논문을 참조할 수 있다(1970년 3월, 291-336쪽 참조).

여기서 문제는 저주의 폭력이 담긴 구절들을 무턱대고 칭찬하는 것이다. 그러나 성경에서도 그러하니, 이것을 어떻게 이해할 수 있겠는가? 이것을 좋아하든 그렇지 않든 폭력은 우리를 둘러싼 세상에서 삶의 한 부분인데, 우리 안에서도 마찬가지이다. 이 사실이 시편에 반영되고 있는 것이다. 비록 시편이 우리가 하느님으로부터 오는 모든 좋은 것을 갈망하며 살아가도록 가르친다 하더라도, 시편은 우리가 속한 세상의 거친 현실을 모른 체하지 않으며, 모든 불의한 상황을 거슬러 강한 분노를 매우 자연스럽게 표현한다. 폭력을 묘사하는 표현을 만날 때, 이것을 교의로 이해할 것이 아니라, 과연 '내 안에는 폭력적인 요소가 존재하지 않는가?', '원수들을 용서할 수 있는가?'에 대하여 스스로 자문하는 기회로 삼아야 한다.

시편 109편 6절에서 19절을 처음으로 읽을 때, 사람이 반대자들의 불의와 공격에 얼마만큼 노출된 존재인가를 명확하게 깨달을 수 있다. 그러나 좀 더 자세히 읽으면, 시편 저자가 표현하고자 하는 바가 무엇인지를 보다 잘 이해할 수 있게 된다.

① 이것은 폭력에 대한 맹목적이고 멋대로의 표현이 아니다. 그와 반대로, 시편 저자가 반대자들의 친구가 되려고 모든 것을 시도하였음을 볼 수 있다('사랑', '호의', '기도'. 시편 109,4-5 참조).

② 자신이 상처 입고 맞아 떨어졌음을 알았을 때, 자기의 반응이 지나치고 섣불렀음을 깨닫는다. "저는 가련하고 불쌍하며, 제 마음은 속에서 구멍이 뚫렸습니다."(시편 109,22) 그가 발설한 말의 폭력에는 자기만족도, 의기양양함도 나타나지 않는다.

③ 바리사이들이 하는 것처럼 그는 자신이 다른 사람들보다 더 낫다고 떠벌리면서 돌아다니지도 않는다. 그는 자신의 단식에 대하여 말하지만, 단식을 통하여 자신의 나쁜 경향을 자제하기 위하여 노력하였음을 입증하려고 한다.

④ 마지막으로 가장 중요한 것으로 이 시편 마지막에서 그가 평정을 많이 얻었다는 점을 주시해야 할 것이다(시편 109,27-31). 그가 기도하는 동안에 어떤 회심이 일어난 것 같다. 그러므로 기도 안에서 중요한 것은 '우리가 기도할 때 어떻게 느끼느냐?'가 아니라, '우리의 기도가 우리를 얼마나 변화시켰느냐?'이다.

연민(자비)

라하밈 רַחֲמִים

구약성경 전체	131번
시편	25번
이사	17번
예레	17번

1. 단어의 뿌리

히브리어에서 연민 또는 동정의 개념은 어근 '라함 רָחַם(불쌍히 여기다)'으로 전달된다. 이 어근은 어머니의 자궁 רֶחֶם(레헴)을 상기시켜, 결국 여인으로 표현되는 내면적인 움직임과 부드러운 감정을 느끼게 한다. 이 단어는 여인이 자기 아기에게 느끼는 사랑과 애정을 회상시키는 어떤 이미지를 갖게 한다. 이러한 모습은 동사의 주요 주어와 동사적 형용사인 '라훔 רַחוּם(자비로운, 시편 112,4은 예외)'의 유일한 주어로 하느님께 적용한 예를 통하여 제대로 이해할 수 있는데, 성경은 하느님의 어머니 같은 모습을 넌지시 암시한다.

2. 성경 속 쓰임

메시아의 탄생에 적용된 은유는 '레헴רֶחֶם' 단어의 일차적이고 구체적인 의미를 잘 이해하도록 한다. "새벽녘에 생겨나는(자궁) 아침 이슬처럼, 내가 너를 낳았노라."(시편 110,3 참조)

하느님의 연민은 이스라엘을 통해 에피소드 방식으로 알려진 특성 가운데 하나가 아니다. 시나이 산의 계시 이후, 이 연민은 '계약의 하느님의 기초적인 특성'처럼, 그분 사랑의 첫째 표상처럼 여겨졌다. "그러나 주님, 당신께서는 자비하시고 너그러우신 하느님, 분노에 더디시고 자애와 진실이 충만하십니다."(시편 86,15; 103,8; 111,4; 116,5; 145,8.9 참조) 하느님의 진정한 본질은 연민이며, 죄로 얼룩진 역사가 진행되는 동안에 이스라엘은 끝없는 새로움과 용서를 통해 재창조적 능력을 주시는 하느님의 연민을 체험하였다. "주님, 당신의 자애가 너그러우시니 저에게 응답하소서. 당신의 크신 자비에 따라 저를 돌아보소서."(시편 69,17) "그러나 그분께서는 자비하시어, 죄를 사하시고 그들을 멸망시키지 않으셨다."(시편 78,38) "주님, 당신 자비가 크시니…."(시편 119,156) 이스라엘이 하느님의 자비를 체험할 때 항상 전적으로 신뢰한 것은 아니었지만, 그들은 비통하게 부르짖고 탄원했다. "하느님께서 불쌍히 여기심을 잊으셨나? 분노로 당신 자비를 거두셨나?"(시편 77,10) "선조들의 죄를 저희에게 돌리지 마소서. 당신 자비가 어서 저희에게 미치게 하소서. 저희가 이토록 불쌍하게 되었습니다."(시편 79,8; 102,14 참조)

거의 배타적으로 하느님께만 유보된 특성으로서의 이 연민이 어근 '라함רָחַם'과 사람에게 사용된 경우를 보면 틀림없이 놀랄 것이다. 사실 이 단어가 이렇게 사용된 경우는 시편 전체에서 3번밖에 없다. 첫 번째 예는 성경 전체를 통틀어 유일한 경우다. "저는 당신을 사랑합니다, 주님, 저의 힘이시여."(시편 18,2) 그런데 히브리말 본문에서 이 절은 동사 형태가 미래 시제이고, "그리고 그가 말하였다…."라는 형식으로 시작된다. 이것은 어떤 의도의 선언, 곧 주님께서 주도권을 잡고 계신 사랑에 대한 응답 안에서 현실화되는 계획에 대한 선언이다. "그분께서 나를 구하셨으니, 그분께서 나를 사랑하시기חָפֵץ(하페츠) 때문이네."(시편 18,20; 51절 참조) 두 번째 경우는 하느님의 사랑과 인간적인 사랑 사이에서 취한 비교 때문에 더 흥미롭다. "아버지가 자식들을 가엾이 여기듯 주님께서는 당신을 경외하는 이들을 가엾이 여기시니…."(시편 103,13) 아버지의 사랑은 우리에 대한 하느님 사랑의 본성에 무엇인가를 말하는 것이다. 세 번째 경우는 의로운 사람의 이상적인 모습을 묘사한다. "올곧은 이들에게는 어둠 속에서 빛이 솟으리라. 그는 너그럽고 자비로우며 의롭다네."(시편 112,4) 구약성경이 하느님의 연민을 강력하게 증언하고 있다면, 결국 우리는 구약성경의 형제적인 관용을 베풀라는 요구에 매우 적게 길들여져 있는 셈이다. 시편 112장 4절은 구약성경의 다른 절들과 함께(잠언 10,12; 지혜 12,22) 연민보다는 오히려 폭력이 앞서고 복수심이 강한 본성과 대조적인 면을 적절하게 묘사했다.

영광

카봇כָּבוֹד

구약성경 전체	200번
시편	151번
이사	38번
에제	19번
다른 형태	176번

1. 단어의 뿌리

명사 '카봇כָּבוֹד'은 '유력하다, 무겁다'를 뜻하는 자동사 '카벳כָּבֵד'에서 파생되었다. "낮이고 밤이고, 당신 손이 저를 짓누르신 까닭입니다."(시편 32,4) "저의 죄악들이 제 머리 위로 넘쳐흐르고, 무거운 짐처럼 저에게는 너무나 무겁습니다."(시편 38,5) 이 낱말은 무게 또는 비중이라는 기본적인 개념을 갖고 있다. 성서적 의미로 영광이란 의미도 갖고 있지만, 어떤 인물에 대하여 밖에서부터 주어지는 평판이나 명성과는 다르다. 오히려 이것은 어떤 인물의 내면적인 무게감, 그 사람의 실존과 행동의 묵직함에서 비롯된다.

2. 성경 속 쓰임

엄격히 말해 인간적인 영광은 '부요함'이라는 의미로 한 번밖에 나타나지 않는다. "누가 부자가 된다 하여도, 제집의 영광을 드높인다 하여도 불안해하지 마라. 죽을 때 그 모든 것을 가지고 갈 수 없으며 그의 영광도 그를 따라 내려가지 못한다."(시편 49,17-18) 하지만 많은 경우 인간이 하느님 안에서 발견하는 영광을 말한다. "그러나 주님, 당신은 … 저의 영광, 저의 머리를 들어 올려 주시는 분이십니다."(시편 3,4) "내 도움과 내 영광이 하느님께 있으며 내 견고한 바위와 피신처가 하느님 안에 있네."(시편 62,8) "당신의 뜻에 따라 저를 이끄시다가 훗날 저를 영광으로 받아들이시리이다."(시편 73,24) "주님께서는 은총과 영광을 베푸십니다. … 복을 거절하지 않으십니다."(시편 84,12) 우리는 부요함이나 권세 안에서 영광을 찾지 않고, 당신의 실존을 통하여 우주 안에 존재하는 모든 것에게 견실함을 주시는 하느님 안에서 영광을 찾는다.

'영광'의 실제 의미를 이해하기 위하여 '현존'에 대하여 말해야 한다. 하느님의 영광은 하느님 존재의 찬란한 드러남이다. "사람들은 당신 엄위의 찬란한 영광을 이야기하고 저는 당신의 기적들을 노래하리이다."(시편 145,5) '하느님의 영광에 대하여 말한다'는 것은 곧 세상 안에서 하느님의 광휘, 하느님 나라 밖에서 하느님의 자기 현시, 세상에서 그분의 현존과 체류하심에 대하여 말하는 것이다. "하늘은 하느님의 영광을 이야기하고…."(시편 19,2) "주님, 저는 당신께서 계시는 집과 당신 영광이 깃드는 곳을 사랑합니다."(시편 26,8) "정녕 그분을 경외하는 이들에게는 구원이 가까우니, 우리 땅에 영광이 머무르리라."(시편 85,10)

시편 24편은 주님(야훼)을 '영광의 임금'으로 찬양한다(7-10절). 영광은 하느님의 권능과 거룩하심과 연결된 하느님의 속성이다. "영광과 권능을 주님께 드려라. 그분의 이름의 영광을 주님께 드려라. 거룩한 차림 하고 주님께 경배하여라."(시편 29,1-2; 96,7-8 참조) "당신의 권능과 영광을 보려고 이렇듯 성소에서 당신을 바라봅니다."(시편 63,3) 또 다른 특성으로, 주님(야훼)의 영광은 우주 극변까지 퍼져 나간다는 점을 들 수 있다. "하느님, 하늘 높이 일어나소서. 당신의 영광 온 땅 위에 떨치소서."(시편 57,6.12; 108,6; 113,4 참조)

공동으로 바치든지 개인으로 바치든지 이스라엘의 기도는 다양하게 드러나는 하느님의 영광에 주의를 기울이고 있다. 이스라엘에 있어서, 하느님께 '영광을 드리는 것'은 단순히 하느님의 위대하심을 깨닫는 것이고, 하느님의 현존에 마음을 여는 것이며, 세상에 퍼져 있는 그분의 광휘를 인지하는 것이다. "주님, 당신께서 만드신 모든 민족들이 와서, 당신 앞에 엎드려, 당신 이름에 영광을 드리리이다."(시편 86,9) "영원토록 당신 이름에 영광을 드리렵니다."(시편 86,12)

올바름

찻딕צַדִּיק

구약성경 전체	523번
시편	139번
잠언	94번
이사	81번

1. 단어의 뿌리

'올바르다'라는 뜻을 지닌 어근 '차닥צָדַק'은 시편에서 동사(4번), 형용사 '찻딕צַדִּיק'(52번), 두 개의 명사, 곧 '체덱צֶדֶק'(49번)과 '쳐다카צְדָקָה'(34번)를 포함하여 139번 사용되었다. 마지막 단어 '쳐다카צְדָקָה'는 인간과 하느님과의 관계를 언급하는 대부분의 성경 안에서 '구원'을 뜻하는 '터슈아תְּשׁוּעָה'와 병행하여 이것의 동의어로 사용되었다. '쳐다카צְדָקָה'는 하느님의 구세경륜적 정의를 뜻한다. '체덱צֶדֶק'도 하느님께 사용되지만, 보다 일반적으로는 사람과 관련되어 사용된다. 이것은 세 가지 중요한 뜻을 가진다. ① 사람들의 객관적인 권리(공정) ② 이 권리의 존중(사회 정의) ③ 세상에 대한 하느님의 계획을 존중하는 인간과 하느님과의 관계의 특성이다. 이것이 형용사 '찻딕צַדִּיק'에 부여해야 할 의미이다. 이 형용사는 하느님의 계명을 준수하는 남자 또는 여자를 일컫기 때문에 시편집에서 하느님을 신뢰하는 사람을 뜻한다.

2. 성경 속 쓰임

시편 저자들은 하느님의 정의를 고백한다. "의인은 당신께서 굳세게 하소서. 마음과 속을 꿰뚫어 보시는 분 하느님께서는 의로우시다."(시편 7,10) "하느님은 의로우신 심판자."(시편 7,12) "주님께서는 의로우시어 의로운 일들을 사랑하시니 올곧은 이는 그분의 얼굴을 뵙게 되리라."(시편 11,7) "주님께서는 당신의 모든 길에서 의로우시고."(시편 145,17) 그러나 무엇이 하느님의 정의인가? 마지막 부분에서 인용한 것처럼, 이 정의는 하느님께서 이 세상에 자주 내리신 명령이다. 그러므로 하느님의 정의는 우주적인 영역을 가지고 있다고 말할 수 있다.

두 번째 영역은 '구세경륜적'이다. 하느님의 정의는 재판과 법정의 정의가 아니라, 구원과 해방의 정의다. "주님께서는 정의를 실천하시고 억눌린 이들 모두에게 공정을 베푸신다."(시편 103,6) 이것은 저주하고 억누르는 정의가 아니라, 격려하고 살게 하는 정의다. 무서워하게 하는 정의가 아니라, 희망을 갖게 하는 정의다. 성경과 시편 안에서 '정의와 자비' 사이에 아무런 어려움도 없다. 하느님의 정의는 그분의 자비에 결합된다. "그분은 정의와 공정을 사랑하시는 분. 주님의 자애가 땅에 가득하네."(시편 33,5)

마지막으로 야훼 군왕 시편은[23] '최후 심판'을 엿보게 한다. "그분께서 오신다, 세상을 다스리러 그분께서 오신다. 그분께서 누리를 의롭게, 민족들을 성실하게 다스리시리라."(시편 96,13) "세상을 다스리러 그분께서 오신다."(시편 98,9) 인간의 정의는 '사회 정의'의 색깔을 가진다. "정의를 실천하는"(시편 15,2 참조) 사람만이 거룩한 산에 거주할 수 있고, 진실한 말, 혈육과 이웃에 대한 존중, 건넨 말을 충실히 지키고, 어려운 사람에게 재정적인 도움을 베풂으로써 드러난다(시편 15편 참조). 시편 112편은 의로운 사람에 대한 칭송을 아끼지 않으며, "의로운(올곧은) 사람"(4절 참조)의 행복을 묘사한다. "잘되리라, 관대하게 꾸어 주고 제 일을 올바르게 처리하는 이! … 불쌍한 이들에게 후하게 나누어 주니 그의 의로움은 길이 존속하고 그의 뿔은 영광 속에 치켜들리리라."(시편 112,5.9) 이는 하느님과 진실한 관계를 맺을 줄 아는 사람의 종교적인 특성이기도 하다. 의로운 사람이 된다는 것은 계약의 요구와 목적을 이해하며 살아가는 것이고, 하느님의 세상과 조화를 이루면서 그분이 원하시는 대로 행동하는 것이다. "의인은 주님 안에서 기뻐하며 그분께 피신하고 마음 바른 이들은 모두 자랑스러워하리라."(시편 64,11)

---

23 역주: 《주석성경》(한국천주교주교회의, 2010년)은 '야훼 군왕 시편'을 '하느님의 통치에 대한 노래들'(시편 93; 96—99; 47 참조)이라고 해설하는데, 이 시편들은 찬양 시편과 밀접한 관계가 있다. 이 작은 유형의 시편들은 그들만의 독특한 유사점들, 보편주의적 어조, 이들 가운데 여러 노래에서 울려 퍼지는 "주님은 임금이시다."(시편 93,1; 96,10; 97,1; 99,1; 98,6 참조)라는 환성 때문에 시편집 안에서 한데 모아진다. 이 시편들은 당신 어좌에 좌정하신 하느님, 임금이시며 판관이신 분, 민족들의 주님을 열광적으로 노래하고 있다.

시편에 등장하는 원수들 문제

놀랍게도 시편집은 이스라엘의 믿음과 희망을 잘 표현한다. 마찬가지로 시편집은 하느님을 신뢰하는 이들을 그분께 묶어 주는 하느님께 대한 사랑과, 가난한 이들을 향한 정의의 요구에 대한 심오한 깨달음을 반영한다. 그러나 여기에도 옥에 티와 같은 걱정되는 일이 한 가지 있는데, 원수(적)로 생각하는 이들을 향한 성경의 이스라엘의 태도가 바로 그것이다. 백성이 믿고 있는 모든 신앙의 본질을 표현하는 기도서에서 원수의 존재에 대해 꾸준히 주의를 기울이면서 그들에 대한 처벌을 할당하고 있다는 사실을 발견하는 것은 충격적이다 못해 수치스럽기까지 하다.

시편집에서 원수들이 적지 않은 부분을 차지한다는 것도 사실이다. 원수를 지칭하는 여러 단어 가운데서 근간이 되는 명사를 셋으로 제한하더라도, 그들에 대한 언급이 무려 153번 발견된다. 곧 '오옙אֹיֵב(원수, 74번)', '초렐צֹרֵר(반대자들, 47번)', '소네שֹׂנֵא(미워하는 자, 32번)'인데, 상당히 많은 숫자다! 너무 많지 않은가? 그러나 한편으로는, 시편이 서로를 적으로 여기게 되는 민족들 사이의 뿌리 깊은 심각한 분열의 세계를 분명하게 묘사한다는 점을 지적할 수 있다.

또 다른 한편으로는, 성경의 이스라엘은 늘 초강대국의 놀림감이었고, 특히 '원수' 민족들의 손에 끊임없이 침략과 정복을 당하여 수많은 고통을 당하였다는 점을 지적해야 할 것이다. 그렇지만 원수에 대한 정확한 개념은 상호관계 가운데 하나라는 사실을 간과하지 말아야 할 것이다. 이러한 관점에서 이스라엘이 자기들의 원수들에 대하여 말하고 있다면, 자신들의 무죄를 증명할 수도 없고 완전히 무죄하다고 주장할 수도 없을 뿐 아니라, 과연 자신들의 태도가 늘 올바른지 자문해야 하는 것이다. 만일 이스라엘이 어느 누구와 원수 관계를 맺고 있다면, 자기들이 결코 원인을 제공하지 않았다고 말할 수는 없지 않은가?

더욱 충격적인 것은 '원수들'을 향한 기도에서까지 이스라엘은 결코 양보하지 않는다는 점이다. "저는 제 원수들을 뒤쫓아 붙잡고 그들을 무찌르기 전에는 돌아오지 않았습니다. 제가 그들을 내리치자 그들은 일어서지 못하고…."(시편 18,38-39) 심지어 하느님의 사랑스러운 현존으로 둘러싸여 있음을 완전히 확신하고 있는 기도 안에서마저(시편 139편) 어떻게 다음과 같이 말할 수 있을까? "주님, 당신을 미워하는 자들을 제가 미워하지 않을 수 있겠습니까? … 저는 더할 수 없는 미움으로 저들을 미워합니다."(시편 139,21-22) 셈족어에서는 주로 완곡어법을 사용하지 않기 때문에, 비록 여기서 표출된 미움은 단순하게 정당한 의분義憤을 나타내는 것이라 하더라도, 원수들에 대한 격앙된 감정이 과도하고 격하게 분출되었다는 점만큼은 분명하다.

그렇다면 이 시점에서, 이 질문에 대해 어떻게 대답할 수 있을까? 우선 이 세상에는 '원수들'이 있다는 현실을 지적해야 할 것이다. 민족과 나라, 집단이나 개인들 사이에 벌어지는 전쟁, 충돌, 다툼은 인간관계가 아직도 가끔 대립과 적대감으로 휩싸여 있음을 상기시킨다.

다음으로, 우리는 다른 사람의 원수일 수도 있고, 원수가 될 수도 있다는 점이다. 분명 잘못이 항상 상대방에게만 있는 것은 아니기에, 분쟁을 불러일으킬 때 우리에게는 책임이 없는지 자문해야 할 것이다. 마지막으로 원수들에 대한 용서를 가르치는 복음적 요구를 기억해야 한다. 이러한 태도만이 지독한 증오의 두터운 장벽을 무너뜨릴 수 있다. "그러나 나는 너희에게 말한다. 너희는 원수를 사랑하여라. 그리고 너희를 박해하는 자들을 위하여 기도하여라. 그래야 너희가 하늘에 계신 너희 아버지의 자녀가 될 수 있다."(마태 5,44-45)

은총(호의, 용서, 자비를 베풀다)

하난חָנַן

구약성경 전체	223번
시편	55번
잠언	26번
창세	19번

1. 단어의 뿌리

성경에서 어근 '하난חָנַן'은 동사 형태(78번)와 '은총, 호의, 용서'를 뜻하는 명사 형태 '헨חֵן'(69번)으로 가장 많이 나타난다. 이와 관련된 '탄원(은총을 구하다)'의 의미로 사용된 두 개의 명사, 곧 '터힌나תְּחִנָּה'와 '타하누님תַּחֲנוּנִים'이 발견되고(이 명사들은 각각 43번씩 사용되었다), '호의적인, 자비로운'을 뜻하는 형용사 '한눈חַנּוּן'이 나타나는데, 13번 가운데 12번이 하느님께 적용되었다. 《칠십인역》은 이 단어를 '불쌍히 여기다'의 뜻을 지닌 동사 형태, 곧 '엘레에인ἐλεέειν'으로 가장 많이 번역하고, 명사 '헨חֵן'은 항상 '은총, 호의'를 뜻하는 '카리스χάρις'로 옮겼다.

어근 '하난חָנַן'의 첫 번째 의미는 육체적인 아름다움과 관련된다. "당신께서는 … 아름다우시나이다. 당신의 입술에는 우아함이 부어지나이다."(시편 45,3; 잠언 11,16 참조) 명사 '헨חֵן'은 어떤 것을 간청하거나 거저 주어진 구체적인 친절한 행동을 뜻하는["제가 당신의 눈에 들었다면"(창세 33,10; 2사무 14,22; 16,4 참조)] 세속적인 의미로 자주 사용되었다.

2. 성경 속 쓰임

시편에는 은총(용서)에 관한 어떤 이론도 없다. 시편에서 '헨חֵן'은 두 번밖에 나타나지 않는데, 한 번은 '아름다움'(시편 45,3 참조)의 의미로, 한 번은 '영광'과 병행하여(시편 84,12 참조) 사용되었다. 두 개의 다른 명사('터힌나תְּחִנָּה'와 '타하누님תַּחֲנוּנִים')도 시편 기도의 탄원의 성격을 강조하는 반면, 동사는 여러 가지 다양한 형태로 나타난다. 그러므로 시편 저자들에게 있어서 은총은 추상적인 현실이 아니기에, 이것은 하느님 개입의 무상성을 체험한 구체적인 상황에서만 파악할 수 있다.

시편 저자들의 하느님은 참으로 출애급의 하느님이시다. "주님, 당신은 자비하시고 너그러우신 하느님 분노에 더디시고 자애와 진실이 충만하십니다."(시편 86,15; 103,8; 111,4; 116,5; 145,8 참조) 하느님은 당신을 신뢰하는 이들의 번민에 찬 부르짖음을 즐겨 들어 주시는 인자하시고 너그러우신 하느님이시며, 어떤 방법으로도 속임수를 쓸 줄 모르는 분이시다. 하느님은 자유의 하느님, 또한 무상으로 베푸시는 하느님으로 남아 계신다.

'한네니חָנֵּנִי', 곧 "저를 불쌍히 여기소서."(17번) 또는 '한넨누חָנֵּנוּ', 곧

"저희를 불쌍히 여기소서."(2번)라는 부르짖음은 기도하는 사람의 위급함과 거저 베푸시는 하느님 편에서의 자발적인 개입이 지닌 무상적인 특성을 강조한다. 어떤 긴박한 특정 상황에서의 부르짖음은 시편 저자들의 입술에서 솟아오른다(시편 4,2; 6,3; 9,14; 25,16; 26,11; 27,7 참조).

은총은 하느님께 속해 있다. 원칙적으로 이것을 주시는 분은 항상 하느님이시다. 그러나 시편에서 두 가지 흥미로운 예외의 경우가 발견된다. 첫 번째 경우는 필요한 사람에게 베풀기를 주저하지 않는 의로운 사람의 태도이다. "악인은 꾸기만 하고 갚지 않으나, 의인은 너그럽게 베푼다. … 그는 늘 너그럽게 빌려 주어 그 자손이 복을 받는다."(시편 37,21.26) 두 번째 경우는 더 흥미로운데, 하느님의 너그러우심에 대한 계시인 탈출기 34장 6절을[24] 분명하게 부연 설명하면서, 시편 저자는 하느님의 너그러우심에 참여한다는 의미에서 의로운 사람의 소명을 확인한다. "올곧은 이들에게는 어둠 속에서 빛이 솟으리라. 그는 너그럽고 자비로우며 의롭다네."(시편 112,4) 하느님으로부터 받은 은총은 이웃과 공유되어야 하고, 또한 이웃과의 관계 안에서 무상으로 표현되어야 한다.

---

24 "주님께서는 모세 앞을 지나가며 선포하셨다. '주님은, 주님은 자비하고 너그러운 하느님이다. 분노에 더디고 자애와 진실이 충만하다.'"(탈출 34,6)

인간(존재)

아담אָדָם

구약성경 전체	554번
에제	132번
시편	62번
전도	49번
다른 형태	225번

1. 단어의 뿌리

인간 존재를 지칭하기 위해 시편은 '아담אָדָם', '이슈אִישׁ(43번)-잇샤אִשָּׁה(2번)', '에노스אֱנוֹשׁ(13번)'라는 3가지 포괄적인 개념을 사용한다. 이 가운데서 첫 번째 '아담אָדָם'이 가장 많이 사용되었는데, 이것은 '흙의' 또는 '땅의'라는 의미를 갖고 있으며, 땅에서 와서 땅에 속한 '지상 존재'를 뜻한다. 두 번째 단어는 '관계적인' 개념인데, 보통으로 '이슈אִישׁ(남성)'를 보충하는 '잇샤אִשָּׁה(여성)'는 시편에서 매우 드물게 사용되었다. 남녀평등주의자들의 염려와는 동떨어진 시대에도, '아담אָדָם'과 '잇샤אִשָּׁה'는 총칭적으로 인간 존재, 곧 남녀 모두를 지칭하였다. 마지막 단어 '에노스אֱנוֹשׁ'는 죽어야 할 인간의 조건(특성)을 강조한다.

2. 성경 속 쓰임

시편은 한편으로는 왕다운 역할을 하도록 소명을 받았고, 또 다른 한편으로는 극도로 깨지기 쉬운 인간 존재의 역설적인 면을 강조한다.

인간의 왕다운 소명은 널리 알려진 시편 8편 안에서 분명하게 나타난다. "우러러 당신의 하늘을 바라봅니다, 당신 손가락의 작품들을 당신께서 굳건히 세우신 달과 별들을. 인간이 무엇이기에 이토록 기억해 주십니까? 사람이 무엇이기에 이토록 돌보아 주십니까? 신들보다 조금만 못하게 만드시고 영광과 존귀의 관을 씌워 주셨습니다."(시편 8,4-6) 세상에서 무한히 작은 인간이 창조의 정상에 자리 잡고 있는 것이다. 이 모든 것을 매우 인상적으로 요약하면서, 시편 115편은 인간 존재에게 지배하도록 위임된 분야가 광대함을 강조한다. "하늘은 주님의 하늘, 땅은 사람들에게 주셨네."(시편 115,16) 하느님과 협조하여 일하면서, 인간은 매일의 노동을 통하여 그분의 창조 사업을 완성한다(시편 104,14.23 참조).

그러나 시편집에서는 인간의 허약함의 의미가 날카롭게 강조되고 있는데, 이것은 코헬렛에서 흔히 발견되는 어휘며 염려이기도 하다. "보소서, 당신께서는 제가 살날들을 몇 뼘 길이로 정하시어 제 수명 당신 앞에서는 없는 것과 같습니다. 사람은 모두 한낱 입김으로 서 있을 뿐. 인간은 한낱 그림자로 지나가는데 부질없이 소란만 피우며 쌓아 둡니다. 누가 그것들을 거두어 갈지 알지도 못한 채."(시편 39,6-7; 62,10;

94,11; 144,3 참조) 인간 존재는 죽음을 위한 존재처럼 보인다. "당신께서는 인간אֱנוֹשׁ(에노스)을 먼지로 돌아가게 하시며 말씀하시나이다. '사람אָדָם(아담)의 아들들아, 돌아가라.'"(시편 90,3; 89,48 참조)

의롭지 못하고 인간 안에서 좋은 것을 전혀 발견하지 못하는 사람의 관점에서 심판은 종종 가혹하기까지 하다. "주님께서는 하늘에서 사람אָדָם(아담)의 아들들을 굽어 살피시는도다, 그 누가 깨달음 있어 하느님을 찾는지 보시려고. 모두가 빗나가, 온통 썩어버려, 착한 일 하는 이가 없도다. 하나도 없도다."(시편 14,2; 53,3 참조) 그러나 이 말씀을 뚜렷한 진리로 받아들이지 않도록 조심해야 한다. 이 말씀은 악이 흘러 넘쳐 일반화되어, 무관심과 자기만족 속에 살아가는 대부분의 사람들을 흔들어 깨워서 회개시키려는 예외적인 비상사태 상황을 언급하는 것으로 보아야 한다.

왕다운 소명과 인간의 허약함이라는 극단적인 역설 사이에서, 인간의 행복을 좋아하시는 하느님을 계시하는 폭넓은 사실을 의식할 수 있다. "너희는 와서 보아라, 하느님의 업적을. 사람의 아들들에게 이루신 그 행적 경외로워라."(시편 66,5; 84,6; 107,8.15.21.31 참조) 인간에 대한 하느님의 사랑에 관한 기쁜 소식이 구약성경 심장부에 이미 써 있음이 발견된다(루카 2,14; 요한 3,16 참조). 인류는 세상의 복음화를 위한 첫 번째 장소다. "당신 나라의 영광을 말하고 … 당신 나라의 존귀한 영광을 알리기 위하여."(시편 145,11-12)

시편은 남성의 기도인가?

시편에서 여성의 삶(생활)에 대한 언급은 비교적 적은 비중을 차지한다. 이 사실은 제도적으로 여성에게 어떤 지위도, 공무상 어떤 인정도 허락하지 않는 종교와 사회를 통해 성경과 시편이 산출되었다는 점을 고려할 때 그다지 놀라운 일은 아니며, 단지 유감스러울 뿐이다. 여성들은 거의 대부분 남녀를 총칭하는 인간 전체에 관한 시편 기도에서 발견되기 때문에, 시편에서 여성들의 삶과 그들의 특별한 인간적인 체험이 남성적인 체험처럼 관심을 끌지 못한다는 사실은 명백하다.

우선 여성의 부재 또는 여성에 대한 침묵을 지적해야 할 것이다. 미리암, 드보라, 한나, 유딧, 에스델 등 성경의 다른 노래들과 달리 시편에는 단 한 편도 여성에게 귀속된 것이 없다.

간접적으로 언급된 '밧 세바'의 경우를 제외하고는(시편 51,2) 시편에서 어느 여인의 이름이 언급된 적은 없다. 모세, 아론, 사무엘, 다윗 등에 대해서 언급하고 있는 시편집에서도 사라, 하갈, 라헬, 미리암 등 그밖에 다른 여성들의 신앙의 체험은 기념하지 않는다.

여성을 지칭하는 단어 '잇샤אִשָּׁה(여자)'도 오직 두 번 발견되는데(시편 109,9; 128,3), 거기서도 간접적으로 사용되었을 뿐이다. 또한 이 단어는 복수형에서는 발견되지 않는데, 이것은 여성의 집단적 체험을 검은 형태(그림자)로 남겨 두는 셈이다.

그렇다면 시편집에 나타나는 여성들에 관한 언급에 대하여 무엇을 말할 수 있을까? 여성에 대한 언급이 약 26번 발견되는데, 항상 젊은 소녀, 아내, 어머니, 하녀, 과부 등과 같은 확실한 유형의 여성들이다.

과부의 모습으로는 5번 발견되는데, 그 가운데 하나는 가까스로 교훈적인 내용이 담긴 저주며(시편 109,9 참조),[25] 그밖에 4번은 하느님의 보호를 필요로 하는 사회적으로 위협을 받는 사람들 목록(가난한 사람, 고아, 과부, 포로들) 속에서 열거되고 있다(시편 68,6; 78,64; 94,6; 146,9 참조).

시편에서 '어머니', '젖가슴' 또는 '어머니 자궁'에 관한 언급은 출생과 세상에 출현하는 순간을 지시하는 전통적인 언어로 사용되었다(시편 22,10-11; 51,7; 71,6; 131,2; 139,13 참조). 아마도 인간의 조건과 신앙 안에서 하느님께 속해 있는 상태를 지적하기 위해 '당신 여종의 아들'이라는 표현이 사용된 것으로 보인다(시편 86,16; 116,16 참조).

시편 45편은 대부분 여성의 삶과 운명이 과연 무엇인지 이에 관한 내용을 담고 있는데, 여기서 임금의 딸이 지닌 아름다움과 영광이 칭송된다. 그리고 약간의 시편은 전례의식과 결혼식 행렬 또는 임금의 행렬에 참가한 '젊은 딸들'에 대해서도 언급한다(시편 45,15; 68,26; 78,63; 148,12 참조).

여성을 통해 느끼는 감정과, 여성에 대하여 느끼는 감정이 두 번에 걸쳐 비교된다. "제가 어머니 상을 당한 양 저는 애처롭게 몸을 구부린

---

25 "그의 자식들은 고아가, 그의 아내는 과부가 되게 하소서."(시편 109,9)

채 돌아다녔나이다."(시편 35,14) "거기에서 전율이 그들을 덮쳤네. 해산하는 여인의 진통처럼."(시편 48,7)

여기서 중요한 점을 지적한다면, 시편 텍스트들이 여성들의 삶에 대하여 침묵하거나 간략하게 언급하는 것을 문화적인 차이로 돌린다 하더라도, 오늘날 새로운 문화적 사고방식으로 시편 기도에 새로운 활력을 불어 넣고 거기에 여성의 관점을 충분히 통합하기 위해서는 표현된 글자에 담긴 한계를 뛰어 넘어야 한다는 사실만큼은 확실하다.

임금

멜렉מֶלֶךְ

구약성경 전체	3154번
2열왕	466번
2역대	396번
1열왕	391번
시편	86번

1. 단어의 뿌리

성경에서 발견되는 빈도 면에서 '멜렉מֶלֶךְ(임금)'은 '벤בֵּן(아들)'과 '엘로힘אֱלֹהִים(하느님)' 다음으로 세 번째로 많이 사용된 명사이다(2562번 나온다). 이 어근은 모든 고대 셈족어에서 잘 알려져 있는데, 그 뜻도 '임금이 되다, 다스리다'로 명확하다. 시편에서 이 어근은 86번 등장하는데, 6번은 '다스리다'(항상 하느님이 주어로 나타난다)의 동사 형태로, 67번은 '멜렉מֶלֶךְ(임금)' 명사 형태로, 13번은 '왕국', '왕권' 또는 '지배'를 뜻하는 여성 명사 형태로 나타난다.

2. 성경 속 쓰임

임금을 위한 기도들은 백성이 임금에게서 기대하는 것이 무엇인지를 표현한다. 전쟁 중에, 그들은 임금에게 승리를 이끌어내는 것 이외에 어느 것도 기대하지 않았다. "주님, 임금에게 승리(구원)를 베푸소서."(시편 20,10; 18,51; 21,2 참조) 하지만, 임금에게는 정의를 보장하고 소외된 사람들과 아무것도 가진 것이 없는 이들을 돌볼 책임이 있기 때문에, 평화를 누릴 때에는 임금의 과업은 상당히 많았다. "하느님, 당신의 공정을 임금에게, 당신의 정의를 왕자에게 베푸소서. 그가 당신의 백성을 정의로, 당신의 가련한 이들을 공정으로 통치하게 하소서."(시편 72,1-2)

그러나 참된 왕권은 이와 별개의 것이다. 사실 "주님께서 임금이시로다."(시편 47,3; 93,1; 96,10; 97,1; 99,1 참조)라는 후렴구는 지상의 임금들이 지닌 왕권을 상대적 가치로 인정하는 것인데, 하느님의 왕권은 그분의 창조 업적 시작까지 소급된다. "주님께서 임금이시로다."는 고백은 단순히 그분께서 모든 것을 창조하셨고 최초의 혼돈과 싸워 승리를 거두셨기 때문이다. "주님께서 임금이시로다. … 땅(누리)은 굳게 세워져 흔들리지 않는다."(시편 93,1; 96,10 참조) 또한 그분께서는 우주를 구성하고 있는 것에 모든 권한을 쥐고 계시기 때문이다. "주님께서 큰 물 위에 좌정하셨네. 주님께서 영원하신 임금님으로 좌정하셨네."(시편 29,10) 이 이유에서 그분의 왕권은 우주적이다. "모든 민족들아, 손뼉을 쳐라. … 하느님께서 이 땅(온 누리)의 임금이시기 때문이다."(시편 47,2.8; 98,6 참조)

그뿐 아니라, 이스라엘은 하느님의 왕권이 역사적으로 드러나는 것을 증언해 왔다. 하느님은 기회마다 이스라엘을 원수들로부터 구출하셨기 때문에, 그분은 이스라엘에게 있어서 임금이시다. "하느님, 당신께서 바로 저의 임금님이십니다. 야곱에게 구원을 베푸소서."(시편 44,5) "주님은 지극히 높으신 분이시고 경외로우신 분, 온 세상의 위대하신 임금이시다. … 겨레들을 우리 발아래 굴복시키셨네."(시편 47,3-4) 물론 이러한 증언이 애매하지 않은 것은 아니다. 그러나 매우 다행스럽게도 이스라엘은 하느님의 왕권이 자신들의 임금 또는 인접한 민족들의 임금들의 왕권과 다르다는 것을 알았다. "정의와 공정이 당신 어좌의 바탕 자애와 진실이 당신 앞에 서서 갑니다."(시편 89,15) "임금의 권능은 공정을 사랑함이니 당신께서 공의를 굳히셨습니다."(시편 99,4)

마지막으로, 하느님의 왕권은 시간의 마지막까지 충만히 펼쳐질 '종말론적인' 영역을 지니고 있다. "겨레들에게 말하여라. '주님은 임금이시다.' … 그분께서 누리를 의롭게, 민족들을 성실하게 다스리시리라."(시편 96,10.13) "임금이신 주님 앞에서 환성 올려라. … 세상을 다스리러 그분께서 오신다. 그분께서 누리를 의롭게, 백성들을 올바르게 다스리시리라."(시편 98,6.9) 이제 민족들 사이의 경쟁은 끝나고, '지상의 임금들'은 하느님의 유일한 백성으로서 모든 민족들에게 제공된 구원을 경축하는 행복한 행렬에 가담할 것이다. "예루살렘에 있는 당신의 궁궐을 위하여 임금들이 당신께 조공을 가져오게 하소서."(시편 68,30; 72,10-11; 138,4 참조)

죄(죄를 짓다)

하타חָטָא

구약성경 전체	593번
레위	116번
민수	67번
1열왕	42번
시편	34번

1. 단어의 뿌리

'하타חָטָא' 동사의 본래의 뜻은 판관기 20장 16절의 경우처럼 '과녁을 맞히지 못하다'이다: "이 모든 사람들은 무릿매로 돌을 던져, 머리카락도 빗나가지 않고 맞힐 수 있었다(글자 그대로 옮기면, '죄를 범함이 없이'가 된다)."[26] 이 단어는 '한쪽으로 떨어지다', '목표를 놓치다', '과오를 범하다'의 개념을 암시한다(시편 25,8 또는 51,15의 '올바른 길에서 벗어난 자들'을 참조하라). 죄의 개념과 관련된 단어가 눈에 띄게 많다 하더라도(최근 연구에 따르면 50가지 정도), 바로 이 '하타חָטָא' 어근 주변에서 '죄'에 대한 성서적 개념이 발전되었다.

---

26 역주: "이 무리 가운데에는 왼손잡이 정병 칠백 명이 있었다. 그들은 모두 머리카락 하나 빗나가지 않게 맞히는 돌팔매꾼이었다."(판관 20,16)

2. 성경 속 쓰임

시편에서 이 어근은 34번 사용되었다. 그런데 시편 저자들이 죄를 하나의 현실로 인정하고 이를 두려워하거나 거부 반응을 보인 것은 사실이지만, 죄의 본질이 무엇인지 그 본성에 대해서는 정확하게 언급하지 않는다. 그럼에도 불구하고 죄의 영역을 두 가지 방향으로 지적할 수 있다. 첫째 영역은 '인간관계'이다. "제 영혼을 죄인들과 함께, 제 생명을 피를 봇는 자들과 함께 거두지 마소서. 그들의 두 손에는 부정이, 그들의 오른손에는 뇌물이 가득합니다."(시편 26,9-10) 둘째 영역은 '하느님과 우리의 관계' 여부에 달려 있다. "그러나 그들은 끊임없이 그분께 죄를 짓고 사막에서 지극히 높으신 분께 반항하였다."(시편 78,17) "이 모든 것을 보고도 그들은 여전히 죄를 짓고 그분의 기적들을 믿지 않았다."(시편 78,32) 여기서 죄의 본질이 무엇인지 발견된다. 폭력과 불의를 통해 인간을 거슬러 죄를 짓고, 하느님이 주신 자유를 거절함으로써 그분을 거슬러 죄를 짓는 것이다.

시편 저자들은 어쩔 수 없이 죄를 범하여 불행하게 된 체험을 매우 날카로우면서도 있는 그대로의 공정한 의미로 표현하고 있다. "제 잘못을 당신께 자백하며 제 허물을 감추지 않고 말씀드렸습니다."(시편 32,5) "저의 죄로 제 뼈는 온전한 데 없습니다."(시편 38,4) "정녕 저는 제 죄악을 고백하며 저의 죄 때문에 괴로워합니다."(시편 38,19) "저의 죄악을 제가 알고 있으며 저의 잘못이 늘 제 앞에 있습니다."(시편 51,5)

죄를 지었음을 예리하게 표현하지만, 죄를 지었다는 사실이 희망이 없는 절망적인 상태로 이끌지는 않는다. 반대로 자신들의 죄로 초래된 불행을 깊이 깨달은 시편 저자들은 하느님께 용서를 청하면서 더욱 솔직하게 부르짖는다. "제 젊은 시절의 죄악과 저의 잘못은 기억하지 마소서."(시편 25,7) "저의 모든 죄악을 없이하소서."(시편 25,18) "저는 아뢰었습니다. '주님, 저에게 자비를 베푸소서. 저를 고쳐 주소서. 당신께 죄를 지었습니다.'"(시편 41,5) "저의 잘못에서 저를 깨끗이 하소서."(시편 51,4) "저의 허물에서 당신 얼굴을 가리시고."(시편 51,11) "당신 이름을 위하여 저희를 구하시고 저희 잘못을 용서하소서."(시편 79,9)

용서는 기대하고, 갈망하며 오래 기다려야 하는 것만은 아니다. 개인이든 백성 전체든 모두 용서를 직접 체험하였기 때문에, 이제 '용서의 기쁜 소식'의 증인이 될 수 있다. "행복하여라, 죄를 용서받고, 잘못이 덮여진 이! 행복하여라, 주님께서 허물을 헤아리지 않으시고 그 얼에 거짓이 없는 사람!"(시편 32,1-2) "당신 백성의 죄를 용서하시고 그들의 모든 잘못을 덮어 주셨습니다."(시편 85,3) "우리의 죄대로 우리를 다루지 않으시고 우리의 잘못대로 우리에게 갚지 않으신다."(시편 103,10; 11-12절도 참조) 비록 용서하기가 힘들더라도, 하느님이 베푸신 용서의 새로운 체험은 시편 저자들로 하여금 보다 큰 이해와 함께 다른 죄인들과 더불어 살아가도록 할 것이다. "제가 악인들에게 당신의 길을 가르쳐 죄인들이 당신께 돌아오리이다."(시편 51,15)

죽은 이들의 처소(저승)

서올 שְׁאוֹל

구약성경 전체	66번
시편	16번
이사	10번
잠언	9번

1. 단어의 뿌리

이 낱말의 어원은 확실하지 않지만, 잘 알려진 성서적 어근 '샤알 שָׁאַל(요구하다, 간청하다)'에서 파생된 것으로 보인다. 따라서 '죽은 이들의 처소'(저승)에 담긴 뜻은 모든 인간 존재가 보편적이고 숙명적인 방법으로 생명을 호소하거나 간청하는 것을 의미할 것이다. 또한 이 어근은 '샤알 שָׁאַל(깊다: 구약성경에서 4번 등장한다)'에서 파생된 것으로 보지만, 달리 설명하기도 한다. 이 경우에는 '구덩이' 또는 '심연'의 의미에 가까우며, 따라서 '죽은 이들의 처소'는 지하의 어느 장소처럼 묘사된다. 아울러 '죽은 이들의 처소'는 아시리아와 바빌론 개념과 밀접하게 연결되어 있는데, 좀 떨어지는 등급과 같은 어떤 것, 그리스 개념 '하데스 Ἅιδης'와 가깝다.

2. 성경 속 쓰임

이스라엘 사람들에게 있어서 '셔올שְׁאוֹל'은 시옥이라는 부정적인 의미를 갖고 있지는 않다. 이것은 그들이 지니고 있는 우주의(하늘, 땅, 바다 등) 한 부분이며, 따라서 하느님의 보편적인 현존에서 벗어난 것을 의미하는 것이 아니다. "제가 하늘로 올라가도 거기에 당신 계시고 저승 שְׁאוֹל(셔올)에 잠자리를 펴도 거기에 또한 계십니다."(시편 139,8)

본래, '셔올שְׁאוֹל'은 죽은 자들이 머무는 곳, 의인이나 악인의 구별 없이 죽은 모든 이들이 체류하는 곳이다. "누가 영원히 살아 죽음을 아니 보겠습니까? 누가 저승의 손아귀에서 자기 영혼을 빼내겠습니까?"(시편 89,49) '셔올שְׁאוֹל'은 죽은 이들이 만나는 유일한 장소며(하늘이나 천국과 같이 죽은 의로운 이들을 위한 긍정적인 보상 장소에 관해서는 전혀 언급하지 않음을 주시하라), 어느 누구도 도주할 수 없는 마지막이고 보편적인 휴식 장소, 곧 죽은 자들의 왕국이다(시편 6,6; 18,6; 49,15; 55,16; 89,49; 116,3 참조). 하느님과의 어떤 통교도 없이 어둠과 먼지와 침묵 가운데서 쇠약해진 상태로 살아가는 곳이라는 것 이외에(시편 88,6.11-13 참조), 이 장소에 대하여 알려진 바가 별로 없다.[27]

그러나, '셔올שְׁאוֹל'은 점차적으로 조금씩 불의하고 악한 자들을 기다리는 운명을 뜻하게 되었다. "악인들은 저승으로 물러가라."(시

27 "저는 죽은 이들 사이에 버려져 마치 무덤에 누워 있는 살해된 자들과 같습니다. 당신께서 더 이상 기억하지 않으시어 당신의 손길에서 떨어져 나간 자들처럼 되었습니다."(시편 88,6)

편 9,18) "악인들이나 수치를 당하여 말없이 저승으로 사라지게 하소서."(시편 31,18) "그들은 양들처럼 저승에 버려져, 죽음이 그들의 목자 되리라. … 그 모습이 썩어 저승으로 사라지리라."(시편 49,15; 55,16 참조)

'셔올שְׁאוֹל'이 악인들의 운명이라는 이 개념 때문에, 결과적으로 의인들은 자신들에게 이러한 운명을 면하게 해 주시고, '죽은 자들의 무리에서 구출되기를' 바란다는 기도를 감동적으로 올리는 것이다. "죽음의 올가미가 나를 에우고, 저승의 공포가 나를 덮쳐, 나는 고난과 근심에 사로잡혔네. 이에 나 주님의 이름을 불렀네. '아, 주님, 제 목숨을 살려 주소서.'"(시편 116,3-4; 18,5-7; 88,3-4 참조)

대부분의 구약성경과 시편집에서 사후의 삶에 대한 주제나 정교한 교리를 언급하지는 않지만, 전적으로 하느님께 내어 맡기면서 희망하는 용기와 평온함의 예들을 확인할 수 있다. "당신께서는 제 영혼을 저승에 버려두지 않으시고, 당신께 충실한 이는 구렁을 아니 보게 하십니다."(시편 16,10) "주님, 제 목숨을 저승에서 건지시고, 저를 구렁에 떨어지지 않게 살리셨습니다."(시편 30,4) "저에 대한 당신의 자애가 크시고 제 영혼을 깊은 저승에서 건져 주셨기 때문입니다."(시편 86,13; 49,16; 73,23-24 참조) 이러한 사고는 유다인들이 죽은 자들의 부활에 관한 믿음을 발전시키게 된 희망의 출발점이었고(기원전 250년경에 시편집을 그리스말로 옮김, 바리사이 운동의 태동, 유다인 외경들), 결과적으로 초기 그리스도교인들도 이러한 사고를 따랐다(사도행전의 선교 설교들을 참조하라).

진실

에메트 אֱמֶת

구약성경 전체	330번
시편	84번
이사	34번
신명	23번

1. 단어의 뿌리

히브리어보다 더 오래된 고대 셈족어에서 어근 '아만אָמַן'의 본래의 의미가 무엇인지를 밝히는 것이 어렵다 하더라도, 이것을 아랍어와 시리아어와 비교할 때, 이 어근은 기본적으로 '굳건하다, 단단하다, 또는 지속하다'의 뜻을 갖고 있다. 구약성경에서 이 어근은 어떤 직책을 맡기거나 특별한 책임을 위임받은 사람들(남자들 또는 여자들)에게 적용된 단순한 동사 형태로 발견된다(민수 11,12; 2열왕 10,1.5 참조). 수동형 또는 재귀 형태에서 동사가 사물들에 적용될 때에는 '힘든, 단단한'이라는 뉘앙스를 갖고(이사 33,16; 예레 15,18 참조), 사람에게 적용될 때에는 '믿을 만한, 신뢰할 수 있는'이라는 뜻을 지닌다(잠언 25,13; 이사 8,2; 신명 7,9; 이사 49,7 참조). 사역형에서 이 동사는 '믿다'를 의미한다. 세속적인 의미에서 이 동사는 '믿지 않다, 의심하다'의 뉘앙스를 지닌 부정적인 전후 문맥 안에서 사용되었다(잠언 14,15; 26,25 참조). 백성들이 자주 떨어지는 불신의 경향을 표현할 때도 사용되며(탈출 4,1.5.8.9; 민수 14,11 참조), 그들의 믿음을 표현할 때에도 이 동사가 사용되었다(탈출 4,30-31; 14,31; 19,9 참조).

또한 이 동사에서 파생된 두 개의 명사도 발견되는데, 곧 주로 '진실'로 번역하는 '에메트אֱמֶת'와 《칠십인역》에서 '피스티스πίστις(믿음)'로 옮긴 '에무나אֱמוּנָה'이다. 이 두 경우에 있어서, 이 낱말은 인간적인 자질을 극도로 고려하여 번역되거나(잠언 3,3; 12,19; 22,21 참조) 그 완전한 형태를 하느님 안에서만 발견할 수 있다는 특성을 유념하면서 옮겨진다(2사무 7,28; 이사 61,8; 예레 32,41 참조). 가장 눈에 띄는 것은 성경에서 이 낱말은 결코 진실에 대한 어떤 추상적인 정의를 내리지 않고, 항상 구체적으로 사물들의 한결같음, 한 번 발설된 말을 믿을 수 있음, 사람들에 대한 신뢰를 강조한다는 점이다.

우리의 전례 집회와 기도 안에서 널리 알려진 응답 '아멘אָמֵן'은 백성 또는 개인이 하느님의 말씀(약속, 저주 또는 파견)을 충실하고 열렬하게 지지한다는 것을 표현하기 위하여(신명 27,15-26; 민수 5,21-22; 예레 11,5 참조) 구약성경에서 24번 등장한다. 이와 같이 이 낱말은 어떤 기도에 대해 백성이 '아멘'으로 응답하는 전례적인 특성을 이미 갖고 있는 것이다(느헤 8,6; 1역대 16,36 참조).

2. 성경 속 쓰임

시편은 무엇보다 먼저 하느님의 '에메트אֱמֶת'를 노래한다. "당신의 빛과 당신의 진실을 보내소서. 그들이 저를 인도하게 하소서."(시편 43,3) "저의 하느님, 저 또한 수금으로 당신의 진실을 찬송하오리다."(시편 71,22) "정의와 공정이 당신 어좌의 바탕, 자애와 진실이 당신 앞에 서서 갑니다."(시편 89,15) 하느님의 진실을 언급하는 것은 전적으로 그분을 신뢰한다는 것이고, 그분의 말씀은 확실하고 믿을 수 있다는 것을 말하는 것이다. 이스라엘의 이집트 탈출과 사막에서의 방황을 회상하면서, 시편은 '의심과 믿음' 사이의 갈등, '성실과 불순종' 사이의 분열, 백성의 동요와 우유부단을 상기시킨다. 그들은 오랜 기간 동안 그들에게 주어진 자유를 거역하여 자주 공포의 희생물이 되었다. "그들이 하느님을 믿지 않고 그분의 도우심에 의지하지 않았기 때문이다."(시편 78,22) "이 모든 것을 보고도 그들은 여전히 죄를 짓고 그분의 기적들을 믿지 않았다."(시편 78,32; 78,37 참조)

그뿐 아니라 믿음은 구체적인 행동을 암시하며(믿음 안에 걷는 사람 또는 믿음으로 인도된 사람), 또한 믿음은 거저 주어진 선물이라는 점이 분명하게 나타난다. 믿는 사람들은 하느님께서 자신들을 믿도록 가르치시고 믿음 안으로 인도해 주실 것을 하느님께 간청한다. "당신의 진리 위를 걷게 하시고 저를 가르치소서."(시편 25,5) "정녕 당신 자애가 제 눈앞에 있었고 당신 진실에 따라 제가 걸어왔습니다."(시편 26,3)

찬양하다

할렐הֲלֵל

구약성경 전체	206번
시편	119번
이사	16번
2역대	13번

1. 단어의 뿌리

시편에서 이 어근은 여러 가지 형태로 배합되어 119번 나타난다. 그 가운데 동사 형태 '할랄הָלַל'은 89번, 파생된 명사 '터힐라תְּהִלָּה(찬미)'는 30번 등장한다. 따라서 시편집은 훨씬 오래 전부터 진정한 의미에서 하느님에 대한 찬미의 책이었다. 고대 다른 셈족어들 안에서 같은 어족의 어근은 '기쁨의 소리를 지르다, 환호하다'의 뜻을 갖고 있다. 성경에서 동사 형태 '할랄הָלַל'은 가끔 사람의 잘 생긴 얼굴 생김새를 지칭하는 의미로도 사용되지만(창세 12,15; 2사무 14,25; 잠언 12,8 참조), 근본적으로는 하느님을 향해 사용되는 단어이다.

2. 성경 속 쓰임

이 어근은 시편을 통틀어 나타나지만, 대부분 마지막 3권에서(시편 100-150편) 발견된다. 여기서 '할렐루야הַלְלוּ־יָהּ(주님을 찬양하라!)' 후렴구가 무려 23번 반복되어 발견된다. 따라서 시편집의 이 마지막 부분은 찬양의 노래가 완전히 총공세를 벌이고 있다고 말할 수 있다. 특히 마지막 세 장의 시편에서는(곧 시편 148-150편) 이 어근을 28번 사용하면서 감동적인 클라이맥스로 모두 끝을 맺고 있다.

시편집의 기도 분위기를 규정하는 것은 분명 찬양이다. 그래서 다른 유형의 기도는 주변을 맴도는 듯한 인상을 주지만, 찬양은 항상 제철을 만난 것 같다. "나 언제나 주님을 찬미하리라. 내 입에 늘 그분께 대한 찬양이 있으리라."(시편 34,2) "나날이 당신을 찬미하고 영영세세 당신 이름을 찬양합니다."(시편 145,2)

이 점이 사실이라면, 찬양은 근본적으로 하느님을 향한 것이기 때문이다. 단순히 하느님이시기 때문에 하느님은 찬양을 받으실 자격이 있으시다. "하느님, 시온에서 당신을 찬양함이 마땅합니다."(시편 65,2) "주님은 위대하시고 드높이 찬양받으실 분 그 위대하심은 헤아릴 길 없어라."(시편 145,3) "할렐루야! 주님을 찬송하여라, 선하신 분이시다. 주님의 자애는 영원하시다. 누가 주님의 위업을 말할 수 있으며 그 모든 찬양을 전할 수 있으리오?"(시편 106,1-2)

하느님께 대한 깊은 체험에서 영감을 받은 시편 저자들의 찬양은 창조 위업은 물론 세상의 무궁무진하게 경탄스러운 것들 안에서도 발견된다. 축복과 감사의 행위는 하느님의 '놀라운 일들'과 이스라엘의 구원 역사 안에서 일어난 그분의 '위대한 업적'을 천천히 그리고 소상하게 고백하는 반면, 찬양은 주로(그러나 '오로지 그것만'은 아니다) 창조의 아름다움과 방대함, 창조의 근본적인 선성에 근거를 두고 있다. "할렐루야! 주님을 찬양하여라, 하늘로부터 … 주님을 찬양하여라, 해와 달아. … 주님을 찬양하여라, 땅으로부터."(시편 148,1.3.7)

하느님을 찬양하기 위해서는 심각한 위기 상황에서 기적적으로 구출된 경험을 가져야 하는 것만은 아니다. 눈을 크게 뜨고 우리에게 제공된 창조의 무한함과 무상성無償性을 알아내는 것으로 충분하다. "주님을 찬양하여라, 하늘과 땅아 물과 그 안에서 움직이는 모든 것들아."(시편 69,35) 그러므로 무엇보다도 하느님을 찬미하는 것을 삶의 선물로 받아들이고 우리의 실존 전체가 하느님을 찬미하는 것이 되도록 해야 한다. "숨 쉬는 것 모두 주님을 찬양하여라. 할렐루야!"(시편 150,6)

마지막으로, 이 동사의 성경 속 쓰임에서 볼 수 있듯이 어원학적으로 복수 형태가 눈에 띌 정도로 많이 사용되었는데(89번 가운데 약 50번), 이와 같이 이 찬양의 특권적인 표현은 공동체의 찬양에서 발견된다. 설령 찬양의 말들이 개인에 의해서 선포될 때에도, 찬양은 공동체로 흘러간다. "저는 당신 이름을 제 형제들에게 전하고 모임 한가운데서 당신을 찬양하오리다."(시편 22,23)

찾다

빅퀘스בִּקֵּשׁ

구약성경 전체	225번
시편	27번
1사무	26번
예레	23번
다른 형태	8번

1. 단어의 뿌리

잘 알려진 셈족어 어근인 '빅퀘스בִּקֵּשׁ'는, 그 의미도 확실하여 사람이나 물건, 구체적인 것이나 추상적인 것 등을 찾는 것을 뜻한다. 성경에서 이 낱말은 무엇인가를 찾는 경우, 찾는 사람과 찾는 대상의 강한 결합, 곧 찾는 행위 안에서 집요하게 찾는 사람의 행위를 효과적으로 강조하기 위하여 사용된다.

2. 성경 속 쓰임

무엇보다도 찾는 행위는 매일 같이 지속되는 일련의 활동으로 이해되는데, 음식을 찾는 경우가 그 예가 될 수 있을 것이다. "어리던 내가 이제 늙었는데 의인이 버림을 받음도, 그 자손이 빵을 구걸함도 보지 못하였다."(시편 37,25) 다른 예로, 거짓과 평화와 같은 두 가지 반대되는 선택권 가운데 하나를 선택하는 것을 들 수 있다. "사람들아, 언제까지 내 명예를 짓밟고 헛된 것을 사랑하며 거짓을 찾아다니려 하느냐?"(시편 4,3) "악을 피하고 선을 행하며 평화를 찾고 또 추구하여라."(시편 34,15)

의인은 항상 적대자의 간계와 자기 목숨을 노리는 사람(시편 35,4; 37,32; 38,13 등 참조), 자기에게 불행을 꾀하는(시편 71,13.24 참조) 사람들의 책략에 직면해야 한다. 물론 무엇인가를 가장 심오하게 찾아 탐색하는 행동은 종교적 영역에 자리하고 있다. 사람은 '하느님의 얼굴'을 찾는데(시편 24,6; 27,8; 105,4 참조), 여기서 '하느님을 찾는 사람들'이라는 일정한 집단을 지칭하기 위하여 분사형태가 사용되었다. "그러나 당신을 찾는 이들은 모두 당신 안에서 기뻐하고 즐거워하리이다."(시편 40,17) "주 만군의 주님 당신께 바라는 이들이 저 때문에 부끄러워하지 않게 하소서."(시편 69,7) "주님을 찾는 이들의 마음은 기뻐하여라."(시편 105,3) 이 서술은 조상彫像들로 표현된 신들의 '얼굴을 보려고' 오는 순례자들의 행동을 언급하는 다른 셈족어 안에서도 알려져 있다. 그러나 이러한 상들을 제작하는 것은 이스라엘 종교 안에서 금지되었기 때문에, 히브리어에서 이 서술은 구체적인 의미를 상실하게 되었지만, '하느님을 찾는 것'은 항상 성전 중심의 종교에서 특권적인 지위를 누렸던 것도 사실이다. "주님께 청하는 것이 하나 있어 나 그것을 얻고자 하니

내 한평생 주님의 집에 살며…."(시편 27,4)

당연히 하느님을 찾는 행위는 '진행 중에 있는 끝나지 않은' 활동이다. 이것은 스스로 자문하고 내적 쇄신을 요구하는 자아발견의 지속적인 과정을 버티어 내는 활동이다. "'너희는 내 얼굴을 찾아라.' 하신 당신을 제가 생각합니다. 주님, 제가 당신 얼굴을 찾고 있습니다. 당신 얼굴을 제게서 감추지 마시고…."(시편 27,8-9) "주님과 그 권능을 구하여라. 언제나 그 얼굴을 찾아라."(시편 105,4)

하느님이 '찾다' 동사의 주어로 단 한 번 나타나는데, 여기서는 착한 목자에 관한 비유가 지닌 기쁨을 미리 맛보는 의미로 사용되었다. "길 잃은 양처럼 헤매니 당신의 종을 찾으소서."(시편 119,176)

축복하다

바락 בָּרַךְ

구약성경 전체	398번
창세	88번
시편	83번
신명	51번

1. 단어의 뿌리

히브리어와 다른 고대 셈족어 안에서 '바락בָּרַךְ' 어근은 두 가지 뜻을 지니고 있는데, 하나는 '무릎을 꿇다'(시편 95,6 참조)와 다른 하나는 '축복하다'이다. 무릎은 가끔 남자의 성기를 완곡어법으로 부드럽게 표현할 때 사용되지만, 그러나 대부분의 경우 하느님에게서 간절히 바라는 주요한 축복은 바로 풍요다산이기 때문에, 두 어근 사이에 어떤 연결점이 있는 것으로 여겨진다.

성경에서 축복을 기원하는 기도가 흔하게 발견되는데(이런 기도가 398번 나타난다), 틀림없이 축복의 기도야말로 유다인들의 기도에 있어서 특징적인 유형을 구성하고 있다. 유다인들은 '18가지 축복'을 매일 기도하고, 또한 주요 예배를 시작할 때마다 매번 광범위한 축복의 기도를 올렸다. '축복'은 가정에서 임의로 바치는 기도 유형처럼, 부족장들의 이야기(성조사)에서도 쉽게 만날 수 있는 오래된 기도의 유형이다. 시편에서 동사 형태 '바락בָּרַךְ'은 74번 발견되고, 명사 형태 '버라카בְּרָכָה'는 9번 나타난다.

2. 성경 속 쓰임

그렇지만 우리가 속해 있는 교회에서 오랫동안 우위를 차지해 온 축복의 양상과는 매우 다르게, 성경에서 축복은 보통 사람들에게 전달되며(아주 드물게 사물이나 물질적인 대상에도 내린다), 우리를 향하기보다는 하느님을 더 향하고 있다. 축복받은 존재는 우리가 아니라 하느님이시다. "주님은 찬미받으소서!"(시편 28,6; 31,22; 41,14 등 참조)

감사의 행위처럼 축복은 특별히 호의를 베푸시는 하느님의 행동이 나타나는 구체적인 상황에서 비롯된다. "저를 타일러 주시는 주님을 찬미하니"(시편 16,7) "주님께서는 찬미받으시리니 내가 간청하는 소리를 들어 주신 까닭이라네."(시편 28,6) "포위된 성읍에서 내게 당신 자애의 기적을 베푸셨으니 주님께서는 찬미받으소서."(시편 31,22) "내 기도를 물리치시 않으시고 내게서 당신 자애를 거두지 않으신 하느님께서는 찬미받으소서."(시편 66,20) "우리를 저들 이빨의 먹이로 내주지 않으신 주님께서는 찬미받으소서."(시편 124,6)

덜 흔하지만, 시편에서 인류에 대한 하느님의 강복(축복)은 적지 않게(30번 정도) 나타난다. 우선 땅이 비옥함과 풍요로움을 보장하시는 하느님의 일련의 행동에 따라 축복을 받는다. "그 고랑에 물을 대시고 두둑을 고르시며 비로 부드럽게 하시어 새싹들에게 강복하십니다."(시편 65,11) "그 양식에 내가 풍성히 복을 내려 그 불쌍한 이들을 빵으로 배불리리라."(시편 132,15) 하느님의 보호를 간청하는 백성 위에 그분의 강복이 있을 것이다. "당신 백성을 구원하시고 당신 소유에 강복하소서. 그들의 목자 되시어 그들을 영원히 이끄소서."(시편 28,9) "주님께서 당신 백성에게 평화로 강복하시리라."(시편 29,11) "하느님께서는 저희에게 자비를 베푸시고 강복하소서. 당신 얼굴을 저희에게 비추소서."(시편 67,2) "주님께서 우리를 기억하시어 복을 내리시리라."(시편 115,12; 115,13.15 참조) 마지막으로 축복은 하느님의 현존으로 위안을 받고 하느님의 호의와 은총으로 몹시 감격하고 있는 각 개인에게 내려온다. "주님, 당신께서는 의인에게 복을 내리시고 큰 방패 같은 호의로 그를 덮어 주십니다."(시편 5,13) "그를 영원한 복으로 만드시고 당신 앞에서 기쁨으로 흥겹게 하십니다."(시편 21,7)

평화

샬롬שָׁלוֹם

구약성경 전체	237번
예레	31번
이사	29번
시편	27번
다른 형태	237번

1. 단어의 뿌리

분명 '샬롬שָׁלוֹם'은 셈족어를 모르는 사람들에게까지도 가장 잘 알려진 히브리말 가운데 하나다. 오늘날 유다인들은 매일 서로 인사를 주고받을 때 '안녕하십니까?' 또는 '안녕히 계십시오.'와 동등한 의미를 지닌 인사 형식의 말로 이 단어를 사용한다(성경에서 사용된 인사 형식에 대해서는 판관 19,20; 1사무 25,6; 2열왕 4,23.26 참조).

이 단어와 이 단어에서 파생된 어휘들은 고대 셈족 언어 안에서 잘 알려져 있고 '평화'와 '우정'이 이미로 확인된다. 이 어휘들은 '건강한, 온전한(전체의), 완전한'을 뜻하는 어근 '샬렘שָׁלֵם'에 속한다. 따라서 평화는 개인 또는 백성의 전반적인 안녕에 근거한 충만함, 성취, 조화의 감정을 느끼는 것이고, 이에 반대되는 단어는 현대 우리의 언어로 표현한다면, '전쟁'과 전쟁 용어와 연결된 모든 것, 곧 다툼, 전투, 음모, 무기 등이다. 놀랍게도 성경에서 이러한 용어는 광범위한 부분을 차지하고 있다.

2. 성경 속 쓰임

평화는 개인적인 문제일 수도 있다. 이 경우에 평화는 '건강' 또는 '안전'의 의미로 이해된다. 우선 육체적이고 정서적인 건강은 안녕의 일반적인 느낌이며, 하느님의 축복으로 여겨진다. "제 의로움을 좋아하는 이들은 환호하고 즐거워하며 언제나 말하게 하소서. '당신 종의 평화를 좋아하시는 주님께서는 위대하시다!'"(시편 35,27) 또한 평화는 숨 막히고 견딜 수 없는 때에 고뇌의 감정을 극복하게 하고 누그러뜨리게 하는 정서적인 상태로 이해할 수 있다. "당신의 노여움으로 제 살은 성한 데 없고 저의 죄로 제 뼈는 온전한 데 없습니다(평화가 없습니다)."(시편 38,4) 이 번민 상태에서 자유로워진 시편 저자는 자신을 찾아온 깊은 평화를 증언한다. "저는 평화로이 자리에 누워 잠이 듭니다."(시편 4,9)

'사회적 평화'도 있는데, 살아가는 동안 어쩔 수 없이 발생하는 언쟁, 싸움, 전쟁의 한가운데서 성취되어야 할 평화이다. "내가 평화를 바라고 이야기하면 저들은 전쟁만을 꾀하였다네."(시편 120,7) "그분께서 내 목소리 들으시고 나를 거슬러 일어난 싸움에서 나를 평화로 이

끌어 구하시리니."(시편 55,18-19)

또 참으로 원하지도 않으면서 말로만 떠벌리는 평화도 있다(시편 28,3; 35,20 참조). 음모를 꾀하는 사람들이 사용하는 속이는 말, 표어에 지나지 않는 평화이다. "나는 평화를 미워하는 자들과 너무나 오래 지냈구나."(시편 120,6) 다행스럽게도 평화는 어떤 사람들에게는 한 마디 말 이상의 것으로, 그들의 계획과 기도의 대상이 된다. 형제들을 위한 참된 사랑을 통하여 간절히 소망하는 것이 바로 평화다. "예루살렘을 위하여 평화를 빌어라. '너를 사랑하는 이들은 평안하여라.' … 내 형제들과 벗들을 위하여 나는 이르네. '너에게 평화가 있기를!'"(시편 122,6.8)

이스라엘은 전쟁의 파멸을 자주 체험하였고, 그들이 유배에서 돌아왔을 때, 불가능해 보이던 더할 나위 없는 이 평화가 '하느님의 가장 소중한 선물'이 되었다. "네 강토에 평화를 가져다주시고 기름진 밀로 너를 배불리신다."(시편 147,14) 그래서 이제부터 이스라엘은 새롭고 결정적인 평화를 열망할 수 있다. "자애와 진실이 서로 만나고 정의와 평화가 입 맞추리라. 진실이 땅에서 돋아나고 정의가 하늘에서 굽어보리라."(시편 85,11-12)

하느님(의 이름)

	구약성경 전체	시편
야훼יְהוָה	6828번	695번
야흐יָהּ	50번	43번
엘אֵל	238번	77번
엘로힘אֱלֹהִים	2600번	365번
엘로아흐אֱלוֹהַּ	57번	4번
아돈אָדוֹן/아도나이אֲדֹנָי	773번	67번
엘욘עֶלְיוֹן	31번	21번
샤다이שַׁדַּי	48번	2번

시편집 전체를 하느님을 향한 부르짖음이라고 할 수 있기 때문에, 시편들 안에서 하느님의 이름이 중요한 자리를 차지하고 있다는 사실은 놀라운 일이 아니다. 그 이름들은 시편 저자들이 자신들의 기도를 과연 어느 분 앞으로 올렸는지 그분에 대하여 말하고 있으며, 그들이 찾아서 만난 그 하느님, 비탄과 의혹 속에서 탄원하고 믿음과 사랑 안에서 받아들인 그 하느님을 계시하고 있다. 시편에서는 여덟 가지 정도의 하느님의 이름이 1275번 언급되고 있는데, 그 가운데서 일곱 가지만 제한해서 살펴본다면 다음과 같다. 곧 야훼יְהוָה, 엘אֵל, 엘로힘

אֱלֹהִים, 엘로아흐אֱלֹהַּ, 아도나이אֲדֹנָי, 엘욘עֶלְיוֹן, 샷다이שַׁדַּי이다.

야훼יְהוָה

시편에서 가장 많이 사용된 하느님의 이름은 틀림없이 '야훼'이다. '야훼'라는 완전한 형태로 695번, '할렐루야הַלְלוּ־יָהּ'에서처럼 단축형인 '야흐יָהּ'로는 43번 나타나는데, 이 숫자는 구약성경의 어느 책의 총계보다 높은 수치이다. 그런데 두 번째 책인 시편 42-72편에서는 '야훼'라는 이름을 덜 사용하는 반면(오직 30번), '엘로힘אֱלֹהִים'을 더 강조하여 사용하기 때문에(164번) '엘로히스트(엘로힘) 시편'이라고 부른다.

어찌 되었든 시편 전체에서 가장 많이 나타나는 하느님의 이름은 '야훼'이다. 시편 저자들의 하느님은, 진정한 의미에서 '모세에게 자신을 계시하신 인격적인 하느님'이시다["나는 있는 나다"(탈출 3,14)]. 이분은 이집트에서 억압받는 백성을 위하여 결정적인 개입을 통하여 당신이 누구신지 계시하신 바로 그 하느님으로서, 당신 백성과 동행하시는 항상 살아 계신 하느님이시다.

기원전 3세기 전부터 유다인들은 하느님의 이 으뜸가는 이름에 대한 존경을 표시하기 위하여 이 이름을 소리 내어 발음하지 않고 항상 다른 이름으로 대체하여 불렀다. 이와 같은 의미에서 의심 없이 최근 프랑스 번역본들은(많은 현대 번역본도) '야훼'라는 이름을 '주님'으로 옮긴다(예를 들면, 프랑스 번역본 《TOB》는 작은 대문자인 'SEIGNEUR'로[28] 옮겼다).

시편에서는 특별히 야훼의 세 가지 특징적인 모습이 나타난다. 첫째, 그분은 존엄하시다. "주 저희의 주님 온 땅에 당신 이름, 이 얼마나 존엄하십니까!"(시편 8,2) "주님은 위대하시고 드높이 찬양받으실 분이시다."(시편 48,2) 여기서 이 위대함은 결코 헤아릴 수 없는 하느님에 대한 신비의 한 부분을 알고 있다는 것을 암시한다. 둘째, 이 단어가 지닌 완전한 의미에서 하느님은 유일한 분이시다. "정녕 주님 말고 그 누가 하느님이며 우리 하느님 말고 그 누가 반석이 되어 주겠는가?"(시편 18,32) "그래서 당신의 이름 주님이심을 당신 홀로 온 세상에 지극히 높으신 분이심을 그들이 깨닫게 하소서."(시편 83,19) "주 만군의 하느님 누가 당신같이."(시편 89,9) "누가 우리 하느님이신 주님과 같으랴?"(시편 113,5) 이와 같은 후렴구로 시편 저자들은 '야훼만이 유일한 하느님이시다!'라는 이스라엘의 유일신 신앙을 계속 강조한다. 셋째, 시편은 선하시고 사랑이 충만하신 하느님에 대하여 말한다. "주님을 찬송하여라, 선하신 분이시다. 주님의 자애는 영원하시다."(시편 107,1) "주님, 당신은 자비하시고 너그러우신 하느님 분노에 더디시고 자애와 진실이 충만하십니다."(시편 86,15) "주님께서는 선하시고 그분의 자애는 영원하며 그분의 성실은 대대에 이르신다."(시편 100,5)

---

28 역주: New American Bible은 'LORD'로 옮겼고, 《성경》은 고딕체 '주님'으로 옮겨 표기하였다.

한 마디로, 에보드 보샹Évode Beaucamp이 강조하듯, 구약성경의 기도 안에서 '야훼'라는 이름은 예수님과 그리스도인들의 기도에서 갖고 있는 '아버지'라는 이름의 중요성을 지니고 있다고 말할 수 있다. "이스라엘이 야훼를 불렀을 때, 그리고 그리스도인들이 '아버지'라고 말할 때, 그들은 모두 구약과 신약의 하느님에게서 바라던 모든 것을 앞당겨 표현하는 것이다."[29]

엘אֵל, 엘로힘אֱלֹהִים, 엘로아흐אֱלֹהַּ

하느님의 이름 '엘אֵל'은 이스라엘에서만 고유하게 사용되던 칭호가 아니다. 오히려 이 명칭은 인접한 셈족에게서 물려받은 옛 이름인데, 어원학적으로는 '강력하다'를 뜻하는 어근 '올אוֹל' 또는 '울אוּל'과 연결시켜 생각할 수 있는 가능성도 있다. '엘אֵל'은 구약성경에서 238번 사용되었는데, 무엇보다도 여러 가지 다른 방법으로 상호간에 커다란 친화력를 보이고 있는 시적인 책詩書, 곧 시편(77번), 욥기(55번), 이사야서(24번)에서 많이 나타난다. 하지만 이 명칭은 역사서들에서는 발견되지 않고(열왕기 상·하권 및 역대기 상·하권에서는 나타나지 않는다), 지혜문학 책들에서도 거의 사용되지 않았으며(욥기에서만 사용되었다), 이사야서를 제외한 예언서들에서는 조금 나타날 뿐이다. 그렇지만 '엘אֵל'은 부족장들의 종

29 É. Beaucamp, Israël en prière. Des psaumes au Notre Père, Paris 1985, 11쪽.

교 안에서는 중요한 역할을 한다. 아브라함과 야곱은 베델에서 '엘אֵל' 을 만났다(창세 12,8; 35,1-7 참조). '엘אֵל'은 브엘세바에서 '엘 올람אֵל עוֹלָם(영원의 하느님, 곧 영원하신 하느님)'이라는 이름으로 경배 받으셨고, 스켐에서는 이스라엘의 하느님으로(창세 33,20 참조),[30] 예루살렘에서는 '엘 엘욘 אֵל עֶלְיוֹן'[31]이라는 이름으로(창세 14,18-20 참조) 숭배 받으셨다.

하느님의 이 이름이 훗날 모세에게 계시하신 야훼라는 이름으로 대체되었다 하더라도, 시편 저자들과 구약성경 전체가 꾸준히 이 두 이름을 연결시키고 동일한 것으로 단언하고 있기 때문에, '엘'과 '야훼'라는 두 이름이 대립된 것으로 보는 것은 잘못된 일일 것이다. 상당히 긴 시편 78편은(72절까지 있다.) 이스라엘의 구원 역사와 관련이 있는데, 이 시편에서 구원 업적을 전통적으로 '야훼'께 귀속시키고 있지만, '야훼'라는 이름은 오직 두 차례 언급할 뿐, 주로 '엘אֵל'과 '엘로힘אֱלֹהִים'이라는 이름을 선호하고 있다(14번).

'엘אֵל'은 시편 저자들이 하느님을 부르거나 그분께 말씀을 드릴 때, 자신들이 느끼는 두드러진 신뢰와 친밀함을 강조하는 인칭 대명사 일인칭 단수 접미사('엘리אֵלִי', 곧 '나의 하느님')와 함께 가끔 단수로 나타난다(시편 18,3; 22,2 '십자가에 달리신 예수님에 의해서 이 시편이 인용되었다.'; 22,11; 63,2;

30 "그는 그곳에 제단을 세우고, 그 이름을 엘 엘로헤 이스라엘이라 하였다."(창세 33,20)

31 '엘 엘욘אֵל עֶלְיוֹן'은 '지극히 높으신(지존하신) 하느님'이라는 뜻이다.

68,25; 89,27 … 참조).[32] 시편 저자들이 하느님을 부를 때 사용하던 단수로 된 또 다른 이름이 있는데, 곧 '엘אֵל'에서 파생된 '엘로아흐אֱלוֹהַּ'가 그 이름이다. 시편집에서 이 이름은 4번 나오며(시편 18,32; 50,22; 114,7; 139,19), 나머지 구약성경에서는 드물게 사용된다. 구약성경 전체에 57번 나타나는데, 이 이름이 욥기에서만 무려 41번 사용된다.

마지막으로, 하느님의 이름들 가운데 복수 형태인 '엘로힘אֱלֹהִים'이 '야훼' 다음으로 자주 등장한다. 구약성경 전체에서 이 이름은 2600번 사용되었는데, 사용 빈도로는 신명기(374번), 시편(365번), 창세기(219번) 순으로 나타난다. 형태가 복수이기 때문에 복수의 의미로도 사용될 수 있다. 곧 이방 신들이나 인접한 민족들의 우상들을 언급할 때 이 이름이 사용되기도 한다. 그러나 대부분의 경우, 이 복수 형태에 이어서 단수 형태의 동사나 형용사가 뒤따르는데, 이 경우의 복수 형태는 '충만함(풍부함)' 또는 '탁월함(초월)'을 의미하는 복수로 설명할 수 있다.

아도나이אֲדֹנָי

시편집에서 이 이름은 67번 사용되었는데, 시편의 이 숫자는 사용 빈도 면에서 에제키엘(222번), 창세기(80번)에 이어 세 번째 자리를 차지

32 "저의 하느님, 저의 하느님, 어찌하여 저를 버리셨습니까? 소리쳐 부르건만 구원은 멀리 있습니다."(시편 22,2)

한다. 하느님 이름에 대한 존경심에서 비롯하여 '야훼'가 쓰인 자리에서 이를 대신하여 사용되는 이 '아돈אָדוֹן' 또는 '아도나이אֲדֹנָי'라는 이름은 가족 관계의 영역에서 유래한다. 이 단어는 땅의 주인(소유주) 또는 종들을 거느리고 있으면서 자기 명령대로 종들을 부리는 집주인을 일컫기도 한다. 또한 고대 근동 지방에서는 자기 관할권 안에 거주하는 사람들을 다스리는 임금의 권위를 표현하는 데도 사용했다.

시편은 이 개념을 어떤 때는 가족과 관련된 의미로, 또 어떤 때는 임금과 관련된 의미로 사용한다. 시편 86편은 가족과 관련한 의미로 사용한 아주 좋은 예다. 신뢰로 가득 찬 개인적인 탄원 안에서, 시편 저자는 자기 자신을 '종'으로 언급하면서(시편 86,2.4.16 참조), 7번 이상 하느님을 자기 주인(상전)으로 부른다(아마도 '7'이라는 횟수는 '충만함'의 개념을 부각시켜려는 듯하다: 시편 86,3.4.5.8.9.12.15 참조). 여기서 사용된 종이라는 개념이 종과 주인 사이의 극복할 수 없는 차이를 암시하는 것은 아니지만, 그보다는 종의 입장에서 자신이 전적으로 주인에게 예속되고 주인에게 봉사해야 한다는 의미를 강조하는 것이다. 두 번째 개념에 담긴 의미는 "주님께서 내 주군께 하신 말씀"(시편 110,1)에서 메시아의 예형으로 나타나는 지상의 임금과 관련되어 있을 뿐 아니라, 동시에 우주를 창조하신 주님으로서 창조주 하느님이 지니신 왕권과 관련 있다. "주님은 임금이시다. 땅은 즐거워하고 수많은 섬들도 기뻐하여라. 주님 앞에서 산들이 밀초처럼 녹아내리네, 주님 앞에서 온 땅이."(시편 97,1.5)

엘욘עֶלְיוֹן

이 이름도 시편 여러 곳에서 발견된다(전체 31번 가운데 시편에서 21번). 이 '엘욘עֶלְיוֹן'은 '올라가다'를 뜻하는 '알라עָלָה' 어근에서 파생된 특성을 나타내는 형용사인데, '높은, 고상한, 상부의'라는 의미를 갖는다. 여기서 '높음(고상함)'의 개념은 의심할 여지없이 하느님이 머무시는 높은 곳을 표현하지만, 그분이 모든 신들을 지배하시는 사실도 일컫는다. "주님, 당신은 온 땅 위에 지극히 높으신 분이시며 모든 신들 위에 지극히 높으시기 때문입니다."(시편 97,9) 이 이름이 사용된 것은 멜키체덱의 경우와도 관련되어(창세 14,18-19 참조),[33] 시온-예루살렘과 연결된다. 또한 이 어휘는 야훼께서 임금으로 즉위하심을 경축하는 군주적이고 위풍당당한 의미도 지니고 있다. "주님은 지극히 높으신 분이시고 경외로우신 분, 온 세상의 위대하신 임금이시다."(시편 47,3)

샷다이שַׁדַּי

종종 '전능한'으로 번역되는 이 고풍스러운 이름은 매우 오래된 두 개의 단편인 창세기 49장 25절과 민수기 24장 4절과 16절(발람의 신탁)

33 "살렘 임금 멜키체덱도 빵과 포도주를 가지고 나왔다. 그는 지극히 높으신 하느님의 사제였다. 그는 아브람에게 축복하며 이렇게 말하였다. '하늘과 땅을 지으신 분, 지극히 높으신 하느님께 아브람은 복을 받으리라.'"(창세 14,18-19)

에서 발견되는데, 부족장(성조) 시대와 관련해서 사용되었다(탈출기 6장 3절에서 야훼께서 부족장들에게 바로 이 이름으로 나타나셨다는 사실을 모세에게 환기시키신다). 이 어휘는 산山들의 신성神性을 언급하는 것 같다. 시편집에서 이 단어는 시편 68편 15절, 91편 1-2절에서만 두 차례 발견된다. 여기서 첫째 텍스트만 시온 산과 비교된 거룩한 산, 곧 시나이에서 일어난 것을 회상시킴으로써(시편 68,9)[34] 직접적으로 시온 산을 '샷다이' 이름의 산과 동일시한다. "여러 봉우리 거느린 산들아 하느님께서 기꺼이 거처하시기로 하신 그 산을 어찌하여 흘겨보느냐?"(시편 68,17)[35] 그러나 둘째 텍스트에서 사용된 이 단어는 반드시 산과 관련되지는 않고, 피신처의 역할을 하여 모두 찾아 갈 수 있는 장소를 암시한다. "지극히 높으신 분의 보호 속에 사는 이, 전능하신 분의 그늘에 머무는 이는 주님께 아뢰어라. '나의 피신처, 나의 산성이신 나의 하느님, 나 그분을 신뢰하네.'"(시편 91,1-2)

---

34 "땅이 뒤흔들리고 하늘마저 물이 되어 쏟아졌습니다. 하느님 앞에서, 시나이의 그분 하느님, 이스라엘의 하느님 앞에서."(시편 68,9)

35 역주: 마치 보잘것없고 평범한 산에 불과하던 시나이 산이 하느님께서 발현하심으로 거룩한 산이 되었듯이, 하느님께서 시온 산을 당신 처소로 삼으심으로써 이제 시온 산은, 모든 산들 위에 우뚝 선 거룩한 산이 된 것이다.

행복한

아스레이אַשְׁרֵי

구약성경 전체	45번
시편	26번
잠언	8번
이사	3번

1. 단어의 뿌리

'행복한' 또는 '축복받은'이라는 형용사 형태로 번역되는 이 낱말은, 사실 히브리어에서는 복수 명사다. 글자 그대로 옮기면 '~의 축복들'로 옮겨야 하지만, 어원학적으로는 정확하지 않다. 일설에 따르면, 이 낱말 '아스레이אַשְׁרֵי'는 '걷다' 또는 '움직이다' 동사에서 파생되었다고 한다. 똑같은 어근 '아살אָשַׁר'은 '가다' 또는 '이끌다'를 뜻한다(이사 3,12; 9,15 참조). 이 경우에 행복은 근본적으로 항상 앞으로 나아가는 희망과 추구하는 대상 사이에 놓인 역동적인 그 무엇이 될 것이다. 또 다른 가능성으로, '아스레이אַשְׁרֵי'가 '올바르다', '의롭다'를 뜻하는 '야살יָשַׁר' 어근에서 파생되었다고 추정하기도 한다. 그렇다면 지복至福이란 다른 사람들을 향한 뚜렷한 정의의 표명이고, 결국 그들을 향한 옳고 의로운 행동의 결과로 주어지는 상태가 바로 행복인 것이다.

2. 성경 속 쓰임

현인들처럼(잠언에는 여덟 가지 진복이 나타난다.) 시편 저자들은 특별히 인간적인 행복의 문제에 민감한 반응을 보인다. "많은 이가 말합니다. '누가 우리에게 좋은 일을 보여 주랴?'"(시편 4,7) 시편 저자들은 이 근본적인 질문에 답변을 찾으려고 열심히 노력하였고 행복에 이르는 길을 제시하려고 하였다. 시편집에 나오는 26가지 진복眞福은 여분의 부차적인 형식도 아니고, 행복의 비책祕策도 아니다. 그보다는 근본적인 질문에 대한 답변을 진지하게 하도록 초대하고, 또한 어떻게 하면 행복해질 수 있는지 그 해결책을 찾으려는 노력을 경주하는 것이다.

마치 누군가가 '아스레이אַשְׁרֵי'라는 이 단어를 시편의 모든 세계에 들어서는 출입구로 삼으려고 한 것처럼, 이 어휘는 시편집의 첫 단어로 등장한다(시편 1편에서만 그런 것이 아니다). "행복하여라! 악인들의 뜻에 따라 걷지 않고 … 오히려 주님의 가르침을 좋아하고."(시편 1,1-2) 이 세상에 들어가기 위하여 행복을 갈망해야 한다. 시편은 행복을 추구하는 모든 가난한(비천한) 사람에게 삶의 모든 상황에서, 시편집에서 환기시키고 있는 어렵고 비극적인 모든 상황에서도 기쁜 소식을 가져 온다.

일반적으로 '진복'은 축복보다 더 세속적인 것으로 소개된다. 참으로 이것은 수직적이라기보다는 수평적인 행복으로 더 고려되며, 이것은 행복의 원천("하느님은 찬미받으소서!")보다는 행복을 누리는 사람("그들은 행복하다.")의 관점에서 고찰된다. 시편에서 이러한 영역이 발견되지만 ["네 손으로 벌어들인 것을 네가 먹으리니 너는 행복하여라, 너는 복이 있어라."(시편 128,2) "행복하여라, 공정을 지키는 이들 언제나 정의를 실천하는 이들!"(시편 106,3)], 시편에서 이러한 행복은 하느님과의 '밀접한 관계'의 개념으로 정의된다. "행복하여라, 그분께 피신하는 사람!"(시편 34,9) "행복하여라, 주님께 신뢰를 두며 오만한 자들과 거짓된 변절자들에게 돌아서지 않는 사람!"(시편 40,5) "행복하여라, 가련한 이를 돌보아 주는 이! 불행의 날에 주님께서 그를 구하시리라."(시편 41,2) "행복합니다, 당신의 집에 사는 이들! 행복합니다, 마음속으로 순례의 길을 생각할 때 당신께 힘을 얻는 사람들!"(시편 84,5-6)

시편에서 약속한 행복은 사적이거나 개별적인 것이 아니다. 이것은 당연히 공동체적인 것이다. "행복하여라, 주님을 하느님으로 모시는 민족 그분께서 당신 소유로 뽑으신 백성!"(시편 33,12; 144,15 참조)

혼(영혼)

네페스נֶפֶשׁ

구약성경 전체	754번
시편	144번
예레	62번
레위	60번
다른 형태	3번

1. 단어의 뿌리

주로 혼(영혼)으로 번역되는 '네페스נֶפֶשׁ'는 성서 인간학에서 중요한 개념 가운데 하나다. 그리스말 역본인 《칠십인역》도 거의 600번의 실례 안에서 이 단어를 '혼ψυχή(프쉬케)'이라는 뜻으로 옮겼다. 이 과정에서 《칠십인역》은 그리스도인들이 초자연적인 세상에 관한 교의를 세우는 데 기초가 되는 개념들을 제공한 그리스 철학의 영향을 반영하고 있다. 그러므로 철학적인 의미에서 이 단어를 '혼(영혼)'으로 번역하려는 시도는 대단한 일이다. 이것을 육체와 구별되는 실재로서의 혼 또는 육체적인 것과 반대되는 것으로서의 혼으로 이해할 수 있다. 혼은 죽지 않고 포착하기 힘들며 볼 수 없지만, 육체는 죽어 없어지고 구체적이며 볼 수 있다. 그러나 이러한 사고는 시편 저자들과 성경 저자들의 사고와는 완전히 동떨어져 있다. 그들이 인간 존재에 대하여 갖고 있는 견해는 이분론 또는 이원론적인 주장이 아닌 일원론이다. 인간 존재는 전적으로 육체와 영혼이 하나인 존재이다(인간 존재는 전적으로 육체이며 영혼인 것이다).

2. 성경 속 쓰임

'네페스נֶפֶשׁ'는 비물질적이고 포착할 수 없는 실체와는 정반대 개념이다. 사실 '네페스נֶפֶשׁ'는 구체적으로 목구멍, 식도, 목 등 인간 육체의 한 부분을 지칭한다. "그분께서는 목마른 이에게 물을 먹이시고(직역하면 '그분께서는 그들의 식도를 만족시키시고'이다), 배고픈 이를 좋은 것으로 채우셨다(직역하면, '그분께서는 배고픔의 식도를 채우시기 때문이다'이다)."(시편 107,9) 그러므로 '네페스נֶפֶשׁ'는 배고픔, 목마름, 입맛과 같은 특유의 감각이 머무는 곳이다. '네페스נֶפֶשׁ'는 자연스럽게 불만과 욕구의 자리로도 생각할 수 있다. 그래서 '네페스נֶפֶשׁ'는 무엇인가를 원하고 필요로 하는 상황에 처한 인간을 뜻한다. 우리가 '혼(영혼)'이라는 말을 쓸 때, 갈망하는 존재로서의 인간을 의미한다. 또한 '네페스נֶפֶשׁ'는 즉시 하느님을 목말라하는 것을 상징하는 의미도 갖게 된다. "암사슴이 시냇물을 그리워하듯, 하느님, 제 영혼이 당신을 이토록 그리워합니다."(시편 42,2)

'네페스נֶפֶשׁ'는 시편 저자의 삶 전체이기도 하다. "제 영혼은 불행으로 가득 차고 제 목숨은 저승에 다다랐습니다."(시편 88,4) 가끔 이 의미는 죽음의 위험과 관련된 전후 문맥 안에서 발견된다. 하느님께서 죽음에서 '네페스'를 지켜 주시거나 구출해 주신다. 곧 하느님께서는 신뢰하는 사람의 목숨을 구해 주신다. "주님, 당신께서는 제 목숨을 저승에서 건지시고(직역: '저승에서 제 영혼이 다시 올라오게 하시고'), 구렁에 떨어진 사람들 가운데서 제 목숨을 되돌려 주셨나이다."(시편 30,4; 16,10; 49,9 참조) 시편 저자가 하느님께 자기 영혼을 들어 올린다고 말할 때, 여기서 영혼은 사실 하느님 앞에서 그분의 말씀을 듣고 있는 자신의 실존 전체를 뜻한다. "당신께 제 영혼을 들어 올리니 주님, 당신 종의 영혼을 기쁘게 하소서."(시편 86,4)

'혼(영혼)'이라는 단어가 심리적 감성의 자리요 터전이라는 보다 특별한 의미로 사용된 경우도 발견된다. 사실 시편 저자에게 있어서 '영혼'은 고뇌와 슬픔과 기쁨과 같은 감정이 머무는 장소다. "제 영혼이 몹시도 떨고 있습니다."(시편 6,4) "그러나 내 영혼은 주님 안에서 기뻐 뛰고 그분의 도우심으로 즐거워하며"(시편 35,9) "내 영혼아, 어찌하여 녹아내리며 내 안에서 신음하느냐?"(시편 42,6.12)

그러나 여기서도 '영혼'이 인간 존재의 한 부분이 아니라, 욕망의 관점에서 인간 전체를 의미하기도 한다. 바로 이런 이유에서 번역자들은 가끔 '영혼'이라는 낱말 대신에 인칭 대명사를 사용하여 옮기기도 한다. "그들이 제게 선을 악으로 갚으니."(시편 35,12)

시편 기도에 대한
일곱 가지 제안

시편 기도를 구성하고 있는 낱말들을 보다 잘 이해하기 위한 결론으로, 시편 기도에 대한 일곱 가지 열쇠를 제안한다. '시편이 오늘날 우리 기도에 어떤 도움을 줄 수 있는가?'를 확인하기 위해 무엇보다도 먼저 시편 기도의 본질이 무엇인지 살펴봐야 한다. 이렇게 함으로써 오랜 세기를 통하여 집성된 이 시편 기도를 우리가 배우고 터득하는 데에 많은 도움을 얻게 될 것이다.

1. 대화로서의 시편('부르다'-'말씀' 참조)

우선 시편은 하느님과 그분을 믿는 이들 사이의 끊임없는 대화를 표현하고 있다는 점을 확인할 수 있다. 물론 시편은 하느님께 건네는 인간의 말로 구성되어 있다. 하느님을 신뢰하는 이들은 가끔 매우 강하게 하느님께 무인가를 말씀드리는데, 이것이 첫 번째로 중요한 사실이다. 그러나 시편을 통하여 하느님께서 우리에게 무언가를 말씀하신다는 사실도 잊지 말아야 한다. 이

점이 두 번째로 중요한 사실이다. 달리 말해 시편은 오로지 인간이 하느님께 끊임없이 외쳐대기만 하는 독백이 아니다. 시편은 이미 결실을 선취하는 앞선 대화이다. 시편 저자들은 하느님께서 자신들의 말씀에 귀 기울이시고 진심으로 관심을 가져 주신다는 확고한 믿음을 가지고 있었다. 이런 의미에서 시편은 하느님께 부르짖는 인간과 호의로 들어주시는 하느님 사이의 상호 작용 안에서 볼 수 있는 '대화 구조'에 기초하고 있다고 말할 수 있다.

> "제 의로움을 지켜 주시는 하느님
> 제가 부르짖을 때
> 응답해 주소서.
> 곤경에서 저를 끌어내셨으니
> 자비를 베푸시어
> 제 기도를 들으소서.
> 내가 부르짖으면
> 주님께서는 들어 주신다."(시편 4,2.4)

인간이 모든 언어 형태로 온갖 부르짖음을 털어놓을 수 있는 진정한 대화, 또한 하느님께서 우리에게 말씀하실 뿐 아니라, 일상사에 개입하시어 우리를 곤경에서 구출하실 수 있는 장소, 이것들이 시편 기도를 구성하고 있다. 하느님을 믿는 이들이 자신들의 기도를 들어주시고 기도를 통하여 하느님을 만나 뵐 수 있다는 체험을 이미 하지 않았다면, 시편 저자들이 결코 환희 또는 번뇌에 찬 부르짖음을 열성적으로 표현하지는 않았을 것이다.

그런데 우리의 기도가 말이 많은 독백이 되지는 않는지 자문해야 한다. 우리는 하느님께서 말씀하실 수 있도록 침묵하는 귀중한 시간을 가져야 한다. 기도에서 가장 중요한 부분은 하느님께서 우리에게 말씀하시는 바로 그 순간이 아닌가? 하느님께서는 종종 우리가 회개하도록 초대의 말씀을 하신다. 그러나 그분께서는 우리에게 당신의 사랑을 베풀고 우리가 참된 행복의 길을 가기를 원하신다는 점도 깨달아야 한다. 그러므로 시편 기도 안에서 던져야 할 진정한 질문은, 우리가 하느님께 올바른 것을 말하고 우리의 삶을 진솔하게 표현하여 전달하느냐가 아니라, 우리가 하느님께 말씀드리는 매 순간 그분께서 우리에게 말씀하시는 것을 우리 삶 안에서 어떻게 통합시키느냐이다.

"오늘 너희가 그분의 소리에 귀를 기울인다면!"(시편 95,7)

2. 전신全身의 기도인 시편('살' 참조)

유다인과 그리스도인 영성에서 이렇게 중요한 위치를 차지하는 시편집이, 모든 인간적인 감정과 육체적인 자세를 가능한 한 그토록 구체적이고 인간적으로 표현하고 있다는 사실은 뭔가 역설적이다. 시편 기도는 육체를 모르거나 부정하기는커녕, 눈과 손, 눈물과 탄식, 몸서리치는 육체적 고통과 으스러진 마음에서 우러나오지만, '춤추는 뼈들'의 기쁨에서도 일어난다. 기도는 추상적인 수련도 신학적인 연구 보고도 아니다. 기도하기 위하여 자기 자신을 떠나 '영성적인' 영역으로 피신할 필요가 없다. 보고 체험한 것들로 기도하면 충분하다. 우리가 시편 저자들의 기도를 읊을 때, 그들이 숨 쉬고 탄식하고 기뻐하는 것을 느낄 수 있으며, 그들이 당하고 있는 위협과 말씀의 능력을 모두 잃고 절박한 상황에서의 부르짖음을 들을 수도 있다. 그들은 숨을 가쁘게 몰아쉬며, 목구멍은 말랐으며, 눈은 눈물로 가득 찼고, 뼈는 가루로 으스러지고 있다.

"저는 물처럼 엎질러지고
제 뼈는 다 어그러졌으며

제 마음은 밀초같이 되어

속에서 녹아내립니다.

저의 힘은 옹기 조각처럼 마르고

저의 혀는 입속에 들러붙었습니다.

당신께서 저를 죽음의 흙에 앉히셨습니다."(시편 22,15-16)

3. 시편은 음악에 맞춰 노래하도록 만들어졌다

('기뻐하다'-'찬양하다'-'시편' 참조)

'시편'에 대하여 언급하는 것은 음악에 대하여 말하는 것이다! 과연 많은 시편들의 제목은 '곡을 연주하다, 악기를 연주하다'를 뜻하는 동사 '자마르זָמַר'에서 파생된 '미즈모르מִזְמוֹר'로 지칭한다. 시편집에서 절반 이상(150편 가운데 87편)이 '미즈모르מִזְמוֹר' 또는 '노래'를 뜻하는 '쉬르שִׁיר'라는 표제를 갖고 있다. 따라서 시편은 음악 또는 노래의 일부다. 많은 시편은 제목 이외에 어떻게 연주해야 하는지를 보여 주는 다른 음악 부호들도 지니고 있다. 사실 시편의 음악적 특성을 무시하는 것은, 필수적인 영역을 잘라내어 생명력을 상실하게 하는 것이며 시편을 탄생시키고 유다인과 그리스도교 공동체 모두에서 대중성(인기)을 보장해 준 리듬과 활력을 빼앗는 셈이다.

위에서 언급한 표제와 참고사항 외에도, 시편 본문 텍스트 자체 안에는 많은 음악적 언급이 포함되어 있는데, 일부에서는 춤추고 노래하라는 언급도 있다.

> "모든 민족들아, 손뼉을 쳐라.
> 기뻐 소리치며 하느님께 환호하여라.
> 하느님께서 환호 소리와 함께 오르신다.
> 주님께서 나팔 소리와 함께 오르신다.
> 노래하여라, 하느님께 노래하여라.
> 노래하여라, 우리 임금님께 노래하여라.
> 하느님께서 온 누리의 임금이시니
> 찬미가를 불러라."(시편 47,2.6-8; 98 및 150 참조)

그런데 주일 미사에서 음악에 따라 시편을 노래하는 것이 그토록 어렵게 여겨지는 것은 참으로 이상한 일이다. 우리는 종종 음악에 따라 시편을 노래하는 것을 완전히 포기하고 단순히 시편을 낭송하거나 좀 더 친숙하고 쉬워 보이는 노래로 대체하여 부른다. 그러나 아직도 우리의 경신 행위에서 완전한 음악적 표현과 춤을 가능하게 하는 요소가 있다면 그것은 바로 시편이다. 각적과 트럼펫, 드럼과 현악기, 플룻과 심벌즈 등 이용할 수 있는 모든 음악 재원들을 연주에 사용할 수 있다. 춤과 노래는 기쁨을 표현하는 데 사용하거나 반대로 전체 백성의 슬픔을 표현하는 데 사용할 수 있다. 왜 우리는 시편을 읊을 때에 이러한 것들을 사용하는 것을 그토록 두려워하고 다음으로 미루는가? 그렇다면 우리가 아직 다윗의 하느님, 시편의 하느님, '춤의 주님'을 진정으로 만나지 못하였다는 것을 뜻하는 것이 아닐까?

4. 시편의 단순한 언어

이 책의 아이디어는 시편의 어휘가 매우 제한되어 있다는 사실에서 착안되었다. 40여 개의 낱말은 시편에서 사용된 어휘 가운데서 상당한 비율을 차지한다. 성경의 기도는 반복하는 것을 두려워하지 않는다. 하느님의 위대하심을 끊임없이 되풀이하여 노래하고, 하느님의 성실하심 또는 그분의 정의를 끊임없이 재확인한다. 하느님과 말씀을 나누는 기쁨과 언급된 바를 신뢰하고 있음을 되풀이하여 표현한다.

그러므로 시편의 어휘는 일상생활에서 취한 것으로서 참으로 단순하다는 사실을 확인하게 된다. 여기에는 난해하거나 엘리트적인 어휘가 없다. 시편에서는 인공적이거나 상상으로 꾸민 언어가 아닌 일상의 낱말로 기도한다.

"주님, 귀를 기울이시어 제게 응답하소서.
가련하고 불쌍한 이 몸입니다.
제 영혼을 지켜 주소서.
당신께 충실한 이 몸입니다.
당신은 저의 하느님
당신을 신뢰하는 이 종을 구해 주소서.
당신께 온종일 부르짖으니
주님, 저에게 자비를 베푸소서."(시편 86,1-3)

여기에는 복잡한 것이 아무것도 없다. 그럼에도 불구하고 이 단순한 낱말들은 풍부한 의미와 거대한 힘에 대한 영성적인 체험을 표현하면서 다른 많은 상황에서 사용할 수 있다. 여기서 시편은 다시 우리에게 가르침을 준다. 기도의 진실성은 기교에 치우친 어휘가 아니라, 단순한 어휘에서만 얻을 수 있다는 것이다. 단순성과 반복은, 기도하는 사람의 마음을 필수적이 아닌 모든 것들에게서 자유롭게 해 주고, 하느님과 인간의 상호 인격적인 관계를 살지게 하는 기도의 목적에 충실하도록 지켜 준다.

5. 인간성을 깊이 통찰하는 시편

('혼'-'살'-'마음'-'숨/정신'-'인간' 참조)[36]

'혼(영혼)', '살(몸)', '숨', '마음'과 같은 낱말에서 이미 살펴본 바와 같이, 시편의 인간학은 옛 그리스의 인간학과 상당히 밀접하게 연결되어 있으면서도 서양과 그리스도교 사고 안에서 오랫동안 영향력을 행사해 온 인간학과는 매우 다르다. 위에서 열거한 낱말들과 이와 관련된 것들은 모두 인간성 전체를 표현하는 데 사용되었다. 성경과 시편에 따르면, 우리는 '영혼', '살', '정신(숨)'이다. 이러한 실재들은 구분되지 않는 실체들이고, 더구나 반대되지 않는 실체들이며, 따로 떼어 분리할 수 있는 것들이 아니다. 그보다도 이것들은 특정한 관점에서 본 바와 같이 온전한 인간성 전체를 지칭한다.

---

36 이 제안을 보다 깊이 연구하기 위해서 성서적 인간학을 정확하게 다루고 있는 〈*Cahier Évangile*〉 46권을 참조할 수 있다.

인간성에 대하여 성경 언어가 바라보고 있는 두 번째 관점이 시편에서 명백하게 드러난다. 성경은 인간성을 구체적인 개념으로 언급하고, 인간의 활동에 입각하여 고찰한다. 인간의 모든 활동은 근본적으로 인간의 내면으로('마음'의 차원에서), 말을 통한 통교로('입-언어'의 영역) 귀결되거나 또는 노동으로('손'의 작업) 귀착된다. 사실, 이 세 가지 인간 활동이 함께 언급된 곳이 시편에서 많이 발견된다.

"누가 주님의 산에 오를 수 있으랴?
누가 그분의 거룩한 곳에 설 수 있으랴?
손이 깨끗하고 마음이 결백한 이
옳지 않은 것에 정신을 쏟지 않는 이
거짓으로 맹세하지 않는 이라네."(시편 24,3-4)

"저들은 마음속으로 악을 꾀하고
날마다 싸움을 일으킵니다.
당신께 도움을 청할 때
당신의 지성소 향해 제 두 손 들어 올릴 때
간청하는 저의 소리를 들으소서."

(시편 140,3-5; 28,2-3; 37,30-31; 55,21-22 참조)

시편은 이렇게 다른 영역을 연결시킴으로써 인간성의 단일한 성격을 강조한다.

마지막으로, 시편과 성경의 언어는 인간성의 세 가지 요소를 총괄하면서도 구별하는 놀라운 조화와 상호 관계의 유희를 통해, 우리로 하여금 끊임없이 인간성의 핵심에 자리 잡은 신비와 일치를 발견하게 한다. '눈'은 '마음' 안에 있는 것을 반영한다. "주님의 규정은 올발라서 마음을 기쁘게 하고, 주님의 계명은 맑아서 눈에 빛을 주도다." (시편 19,9; 101,5; 131,1 참조) 같은 방법으로, '말'에 대하여 말할 때, 이것은 반드시 '듣는 것'과 연결된다. "주님, 의로운 사연을 들어 보소서! 제 부르짖음을 귀여겨들으소서. 제 입술은 거짓이 없나이다."(시편 17,1; 4,2; 28,2; 54,4; 141,1 참조) 이러한 것들이 조화를 이루는 짝은 행동의 전체 영역(일, 힘, 정복, 품행 등)을 상징할 수 있는 '손'과 '발'이다. "당신께서는 저를 원수의 손에 넘기지 않으시며, 제 발을 넓은 곳에 세우셨나이다."(시편 31,9; 36,12; 37,30-31 참조)

6. 투쟁의 기도로서 시편

('시편에 등장하는 원수는 누구', '과연 시편은 너무 폭력적인가?' 참조)

시편의 세계는 중용을 지키거나 천진난만하지 않다. 충돌과 전쟁과 투쟁의 세상이다. 참으로, 폭력의 흔적이 없거나 세상을 괴롭히는 불의에 대한 어떤 암시도 발견되지 않는 완전히 평온하고 평화스러운 시편들은 드물다. 시편들은 폭력과 다른 사람들에 대한 증오에 대하여 말하고 있다. 시편은 암묵적으로든 공개적으로든 우리 잠재의식 안에 있는 폭력을 표현하는데, 복수를 선동하는 시편들이 분명히 교훈적인 것은 아니지만, 그러나 부정할 수 없는 현실이기에, 이러한 요소가 우리 기도에까지 스며든다.

"주님, 일어나소서. 다가가 그를 내던지소서.
악인에게서 제 영혼을 당신 칼로 구해 주소서.
주님, 당신의 손으로 저 사내들에게서,
세상살이를 제 몫으로 삼는 사내들에게서 저를 구해 주소서.
당신께서 숨겨 놓으신 벌로 그들의 배를 채우시어
아들들도 배불리고
나머지는 자기네 어린것들에게 물려주게 하소서."(시편 17,13-14)

"그러나 내 목숨을 노리는 저들은 멸망으로,
땅속 깊은 곳으로 들어가리라.
칼날에 내맡겨져

여우들의 몫이나 되리라."(시편 63,10-11)

시편을 기도할 때, 우리는 위협과 폭력으로 자주 얼룩지고 찢긴 세상을 있는 그대로 바라보도록 초대된다. 우리 자신 밖을 바라보는 것 외에 시편은 또한 우리 자신 안에는 이러한 초상이 없는지 살펴보게 하고, 자비롭고 사랑 지극하신 하느님 현존 앞에서 우리 자신을 드러내도록 한다. 그러면 그분께서 친히 우리의 모든 상처를 고쳐 주시고, 우리가 우리 안에 아직 잠재해 있는 폭력과 투쟁의 자리를 평화의 장소로 바꾸도록 도와주실 것이다.

7. 시편 기도의 두 가지 부르짖음

비록 시편이 인간의 입술에서 터져 나오는 모든 부르짖음에 대해 정의를 내리고 있지만, 이 전체 기도를 요약하는 두 가지 외침이 있는데, 그것은 '도와주소서!'와 '할렐루야!'이다. 우리는 이 가운데서 하나를 선택하려는 경향이 있지만, 시편 기도는 이 둘 모두를 공유하며, 이 둘 가운데 어느 것도 미리 규정하지 않는다. 이 둘은 똑같은 체험 안에서 연속적으로 발생한다. 그러나 그 어느 것도 우리의 기도에서 제외될 수 없다. 왜냐하면 문제가 되는 것은 하느님과 인간 존재의 참된 실재이기 때문이다.

무엇보다도 우선, 시편은 도움을 요청하는 부르짖음으로 구두점을 찍는다.

> "주님, 저의 구원이시여 어서 저를 도우소서."(시편 38,23)
>
> "주님, 저를 기꺼이 구하여 주소서."(시편 40,14)
>
> "저에게 자비를 베푸소서, 주님, 저는 쇠약한 몸입니다."(시편 6,3)
>
> "주님, 저에게 자비를 베푸소서. 제가 짓눌립니다."(시편 31,10)
>
> "뒤쫓는 모든 자들에게서 저를 구하소서."(시편 7,2)
>
> "주 저희 하느님, 저희를 구하소서."(시편 106,47)

이와 같이 시편의 기도는 괴로움을 겪거나 세상의 고통에 민감한 반응을 보이는 사람들의 기도다. 그곳은 양심의 가책을 받는 곳이기도 하지만, 또한 고통받는 사람들을 대신하여 목소리를 낼 수 있는 곳이기도 하다. 인간의 모든 고통은 하느님 앞에 전달되고 청납되어야 한다. 이것이 시편 전체를 관통하면서 울려 퍼지는 수많은 간청의 부르짖음에 생기를 불어넣어 주면서 그 중심에 자리하고 있는 확신이다.

'도와주소서!'와 마찬가지로 시편을 대표하는 또 다른 부르짖음으로 '할렐루야!'가 있다. 성경의 다른 책에서는 알려지지 않은 이 부르짖음은, 다른 낱말보다 더 성서적인 기도의 분위기를 묘사한다. 폴 보샹Paul Beauchamp이 지적한대로, 성경의 모든 기도는 찬양을 향해 움직이는 경향을 보이고 있다. 이것은 성경 기도의 알파요 오메가, 시작이요 마침이다(〈*Psaumes nuit et jour*〉, Paris, Seuil, 1980, 92쪽 참조). 시편집의 마지막에서 이 낱말이 발견되는 것은 결코 우연일 수 없다. 이 찬양은 시편의 백성들뿐 아니라, 모든 피조물을 위한 마지막 소명으로 남았다.

"숨 쉬는 것 모두 주님을 찬양하여라. 할렐루야!"(시편 150,6)

참고 문헌

Ⅰ. 성서 연구에 도움이 되는 책

쉬운 책

· E. Charpentier, Pour lire l'Ancien Testament, Cerf, 1980, 94–107쪽.

· A. George, Prier les Psaumes, coll. Foi Vivante n° 15, Cerf, 1967, 224쪽.

· P. Mourlon Beernaert, Coeurlanguemains dans la Bible, Cahier Évangile n° 46, 1983, 20–26쪽.

· H. Troadec, Les psaumes, priére chrétienne, coll. Ouvrir la Bible, Mame, 1981, 71쪽.

· Aujourd'hui la Bible, n° 91–99, vol. IV, SHC, 1972.

· La Bible et son message, n° 70–71, Cerf, 1973.

· Les Psaumes, revue Parabole (Socabi), Vol. X, n° 4, Montréal, 1988, 3–14쪽.

· Prier avec les Psaumes, revue Fêtes & Saisons n° 416–417, Cerf, 1987.

중간 수준의 책

· J.–N. Aletti, J. Trublet, Approche poétique et théologique des Psaumes. Analyses et méthodes, coll. Initiations, Cerf, 1983, 297쪽.

· E. Beaucamp (et autres), Guide de lecture et d'utilsation des Psaumes, A. Sigier, 1980, 150쪽.

· E. Beaucamp, Israël en prière. Des Psaumes au Notre Père, coll. Lire la Bible n° 69,

Cerf–A. Sigier, 1985, 261쪽.

· P. Beauchamp, Psaumes nuit et jour, Seuil, 1980, 253쪽.

· A. Chouraqui, Le Cantique des Cantiques, suivi des Psaumes, P.U.F., 1970, 83–112쪽.

· M. Gourgues, Les psaumes et Jésus – Jésus et les Psaumes, Cahier Évangile n° 25, 1978.

· A. Maillot, A. Lelievre, Les Psaumes, coll. Commentaires bibliques, Labor et Fides, 1961–1969, 3 volumes.

· M. Mannati, Pour prier avec les Psaumes, Cahier Évangile n° 13, 1975.

· G. Marier, Les Psaumes, prière du Nouveau Testament, A. Sigier, 1987, 568쪽.

· R. Martin–Achard, Approche des Psaumes, Cahiers théologiques n° 60, Delachaux et Nieatlé, 1969, 104쪽.

· L. Monloubou, L'imaginaire des psalmistes. Psaumes et symboles, coll. Lectio Divina n° 101, Cerf, 1980, 135쪽.

· O. Odelain, R. Seguineau, Concordance de la Bible. Les Psaumes, Desclée de Brouwer, 1980, 393쪽.

· J. Radermakers, Pour vivre les psaumes, cours polycopié, Bruxelles, Institut d'Étues Théologiques, 1983.

· J. Tournay, R Schwab, Les Psaumes, Bible de Jérusalem en fascicules, Cerf, 1964, 541쪽.

· Aux sources du chant sacré, revue Le monde de la Bible n° 37, Paris, 1985.

· Les Psaumes : paroles sur Dieu, cris vers Dieu, Cahier biblique n° 27, revue Foi et Vie, Paris, 1988.

· Dictionnaire encyclopédique de la Bible, article Psaumes, Maredsus Brepols, 1987, 1363쪽.

· Vocabulaire de Théolgie Biblique, éd. X. Léon–Dufour, Cerf, 1971, 700쪽.

어려운 책

· E. Beaucamp, Le Psautier, coll. Sources bibliques, Gabalda, 1976–1979, 2 volumes.

· M. Girard, Les Psaumes : analyse structurelle et interprétation, coll. Recherches, nouvelle série, Cerf–Bellarmin, 1984, vol. 1 : Ps 1–50, 412쪽.

· L. Jacquet, Les psaumes et le coeur de l'homme. Étude textuelle, littéraire et doctrinale, Duculot, 1975–1979, 3 volumes.

· E. Lipinski, E. Beaucamp, article Psaumes du Supplément au Dictionnaire de la Bible, Letouzey, 1973, t. IX, fasc. 48, col. 1–214쪽.

· M. Mannati, E. de Solms, Les Psaumes, Cahiers ds La Pierre–Qui–Vire, Desclée et Niestlé, 1966–1968, 4 volumes.

· L. Sabourin, Le livre des Psaumes, traduit et interprété, coll. Recherches, nouvelle série, Cerf–Bellarmin, 1988, 631쪽.

· R. Tournay, Voir et entendre Dieu avec les Psaumes ou la liturgie prophétique du second temple à Jérusalem, Cahiers de la Revue Biblique n° 24, Gabalda, 1988, 221쪽.

Ⅱ. 시편 기도에 도움이 되는 책

· A. Behague, Prier les psaumes, dans Célébrer (Notes de Pastorale liturgique) n° 140, 1979, 5–62쪽.

· J.–R. Bouchet, Les Psaumes : une prière pour aujourd'hui?, dans La Vie Spirituelle n° 135, 1981, 19–26쪽.

· J. Duhaime, Prière de David : les Psaumes, dans La Bible en prière, éd., G. Couturier et al., coll. Lectures Bibliques, Ed. Paulines–Médias–paul, 1983, 143쪽.

· E. Jacob, Prier avec les Psaumes, dans Foi et Vie n° 84, 1985, 58–66쪽.

· B. Landry, A. G. Hamman, Les Psaumes commentés par Pères, avec des conseils travail, coll. Les Pères dans la foi Desclée de Brouwer, 1983, 354쪽.

· A. Louf, A l'écoute des Psaumes, dans Christus n° 24, 1977, 419–431쪽.

· L. Monloubou, La prière selon les psalmistes, dans Esprit et Vie, 92, 1982, n° 26, 385–398쪽 및 n° 31–33, 449–460쪽.

· N. Quesson, 50 psaumes pour tour tous les jours. Jalons pour la prière et la méditaton quotidiennes, Droguet & Ardant, 1978–1979, 2 vol.

· A. Rose, Les psaumes : voix du Christ et de l'Église, coll. Bible et Vie Chrétienne–Référence, Lethielleux, 1981, 285쪽.

· C. A. Zirnheld, Les Psaumes, antiquités ou sources vives?, dans Vie Consacrée n° 58, 1986, 146–161쪽 및 233–242쪽.

· Prier, n° 39, 1982, 3–28쪽.

· Prières d'humanité : les Psaumes, revue Regard de foi n° 78/4, 1982.

· Prières pour rendre grâces, revue Regard de foi n° 80/4, 1984.

옮긴이의 말

시편 기도는 인간이 일상적인 모든 언어 형태로 하느님께 온갖 부르짖음을 털어 놓을 수 있는 진정한 대화다. 동시에 이 기도 안에서 우리는 하느님께서 우리에게 말씀하시는 바를 경청한다. 또한 시편은 여러 가지 방법으로 오랜 기간 동안 전해 내려오는 이스라엘의 다양한 전승이 합류하는 곳이다. 따라서 시편은 구약성경 안에 연연히 흐르고 있는 신앙과 신학을 영성적으로 요약하고 있다.

이 책은, 시편의 특징적인 어휘를 구성하고 있는 40개의 중심 단어들에 대한 어원을 밝히고 정의를 내림으로써 시편을 올바로 이해하고 음미하는 방법을 제공하고 있다. 더불어 이스라엘의 기도인 시편이 어떻게 우리의 기도 생활에 도움이 될 수 있는지 많은 제안을 하고 있기 때문에, 신학적 · 전례적 · 영성적으로 매우 유익하다고 생각한다. 같은 맥락에서 밀라노의 교부 암브로시오 성인도 “역사는 교훈을 주고

법은 질서를 세우며 예언은 예고해 주고 견책은 징계하며 윤리는 설득시켜 줍니다. 시편은 이 모든 것의 종합이고 또 인간 구원의 영약입니다." 하고 언급하였다.

지은이 프레보스트 신부는 표현을 상당히 절제하여 40개의 낱말 가운데 39개의 어휘를 각각 한 페이지로 축약하여 묘사하였다. 짧고 간결하게 표현되었기 때문에 우리말로 옮기는 과정에서 풀어서 번역해야 할 경우가 적지 않았다. 본문의 시편 인용은 거의 대부분 《시편》(구약성서 새 번역 1, 주교회의 성서위원회 편찬, 임승필 번역, 한국천주교중앙협의회 1995년)을 사용하였으나, 필요에 따라 프랑스어 본문을 참조한 후 수정하여 옮기기도 하였다. 히브리말 원문에 충실한 번역을 인용할 수 있도록 흔쾌히 허락해 주신 임신부님께 감사드린다. 프랑스어 본문의 낱말 순서는 프랑스 알파벳에 따라 나열되었지만, 우리는 우리말 어휘 배열 원칙에 따라 가나다순으로 소개하였다. 또한 프랑스어 본문은 히브리말을 자음만 표기하고 프랑스 음역을 붙였지만, 우리는 우리말 음역과 함께 히브리말 모음까지 붙여 표기하였고, 음역만 표기된 그리스말도 음역과 더불어 본래 그리스말로 함께 기록하였다.

개정판을 내면서

지난 세기말 옮긴이는 같은 책을 《시편의 작은 사전》(가톨릭출판사, 1997년 12월 23일)이라는 제목으로 이미 출간한 바 있습니다. 이번에는 지난번 책에서 발견된 오탈자는 물론 오역誤譯을 바로잡았고 아울러 독자들이 이 책에 담긴 사전적인 분위기의 내용을 보다 쉽고 무난하게 이해하는 데 도움을 주기 위해 우리말을 부드럽게 표현하려고 노력하였습니다. 이 과정에서 마리아의 전교자 프란치스코 수도회(F.M.M) 김영선(루시아) 수녀님이 정확한 히브리어 표현을 비롯하여 여러 가지 방법으로 많은 도움을 주셨기에 깊은 감사의 인사를 드립니다.

부디 이번에 손질하여 다시 출간하는 이 작은 책자가, 보배로운 교회전승으로 물려받아 매일 기도하는 우리에게 '시편의 감미로움'을 마음껏 음미할 수 있는 기회가 되었으면 좋겠다는 저의 바람도 꼭 전하고 싶습니다.

"나는 심령으로 기도하는 동시에 이성으로도 기도하겠다."는 암브

로시오 성인은 시편에 담긴 영성과 신학을 다음과 같이 요약하는데 (《시편 주해》Ps 1,9-12: CSEL 64,7. 9-10), 그분의 말씀을 인용하면서 마무리하려고 합니다.

"시편보다 마음을 더 기쁘게 하는 것이 있겠습니까? 다윗 자신이 아름답게 말해 줍니다. '주님을 찬양하라, 노래도 좋을 씨고. 하느님 노래하라, 찬미도 고울 씨고.' 그렇습니다. 시편은 백성들에게 내리는 하느님의 축복이고 하느님께 바치는 찬양이며 신자들이 드리는 감사이고 모든 이들이 치는 손뼉입니다. 보편적인 교훈이고 교회의 목소리요 노래로 바치는 신앙 고백이고 참된 신심의 표현입니다. 또한 자유의 기쁨이고 행복에 넘치는 외침이며 환희의 소리입니다. 시편은 분노를 가라앉혀 주고 근심 걱정에서 해방시키며 슬픔을 몰아냅니다. 시편은 밤에는 우리를 지켜 주는 무기이고 낮에는 우리를 가르치는 교사입니다. 두려울 때의 방패이고 거룩함을 지닌 이들에게 축제입니다. 고요함의 거울이요 평화와 화목의 보증입니다. 시편은 칠현금처럼 여러 가지 목소리를 하나의 노래로 모읍니다. 새벽에 시편의 노래 소리가 울려 퍼지면 저녁에는 그 소리 메아리 쳐옵니다."

2024년 10월 28일
성 시몬과 유다 사도 축일에
옮긴이